"文章力"がメキメキ上達する

文章表現の技術

樋口裕一 著

はじめに

現在では、多くの機会に文章を書く力が求められます。入社試験や昇進試験でも、しばしば論述が求められます。レポートや企画書、報告書を書くことも多いでしょう。もちろん、感謝状、謝罪文などのビジネス文書も日常的に書かざるをえないこともあるでしょう。プレゼンテーションや会議での発言も、前もって文章にしておくことも多いはずです。

現代社会においては書く力を持っていれば、様々な場面で苦労せずに能力を認められるとさえいえるでしょう。逆にいえば、書くのが苦手な人はせっかく仕事の能力を持っていても、それを伝えることができず仕事の場が与えられないかもしれません。

ところが、文章を書くことに対して苦手意識を持っている人が多いようです。子どものころから作文が苦手で、書く訓練を受けずにきた人が多いのでしょう。そして、そのような人は、文章を書くことをひとつの才能のように思い、書く才能のない自分に劣等感を抱いているのかもしれません。

しかし、文章を書くことは自転車に乗るようなものです。自転車に乗れない人からみると、自転車に乗るのは難しいことに思えるかもしれません。しかし、ほんの少しの練習で誰でも乗れるようになります。練習しても自転車に乗れないという人は、ほとんどいないはずです。しかも、一度、乗れるようになったら、その後しばらく乗らなくても、いつでもまた乗れるのです。

文章も同じで、訓練して、そのノウハウを一度身につければ比較的簡単に書くことができるようになり、それから先は、どんな文章でも苦労せずに書けるようになります。

私は三〇年ほど前から、大学受験生の小論文を中心に小学生から社会人まで、文章の書き方を教えてきました。文章を書くのが苦手な多くの人を、文章の達人にしてきたという自負があります。そのノウハウを本書に詰め込みました。

本書は、文章を書くのが苦手な人が、少しずつ練習を積んで、苦労しないで文章を書く力がつけられるように編んだものです。二〇〇字程度の短い文章の書き方から始まり、小論文、エッセイと進み、それらを応用して様々な内容のビジネス文書を書く力が、無理なくつけられるように工夫されています。また、文章を書くための様々なテクニックを、できるだけわかりやすく解説しました。

多くの人が、本書を用いて、文章の達人になってくれることを祈ります。

もくじ

第4章　エッセイを書くテクニック

第1章

200字程度の短文を書くテクニック

実社会では、600字〜1000字程度の文章を書く
機会が多いと思います。そして、文章を書くことに
苦手意識を持っている人の中にも「短い文章なら書ける」
と思っている人がおられるかもしれませんが、短い文章を
"しっかりと書ける"ようにすることが大事です。
短い文章を自在に書けるようになれば、
長い文章も難なく書けるようになります。
そこで短い文章を書く練習から始めます。

1 文章上達の最大のコツは、型を大事にすること

文章を書くことが苦手だと思っている人は、文章を上手に組み立てられないことが多いようです。

まず何から書き始めればよいのかわからず、どこで段落をかえればよいのかもわからない。何かを書き始めたとしても、次に何を書けばいいのかも曖昧になる。そして、途中で話題がずれてしまう、あるいは内容が一貫しているかどうか自分でも自信がなくなる。そのため書くのが億劫になっているのでしょう。

なぜそのようなことになるのでしょう。

文章には型があります。昔から「起承転結」「三段論法」などの型が言い伝えられてきました。文章の上手な人は、いつの間にかそれを身につけた人です。型を知っているからこそ、すらすらと文章が書けて、それを身につけなかった人が、いつまでも苦手意識を持ち続けているのです。

アニメーションの『ドラえもん』のテレビ番組をご覧になったことのある人は多いでしょう。ほとんどの回が同じような型になっています。ほとんどの物語は、のび太がジャイアンにいじ

められるところから始まります。そこでドラえもんに道具を出してもらいます。はじめはふつうの使い方をしているのですが、のび太はルールに反した使い方をしてしまいます。そのため大事件が起こりますが、ドラえもんのおかげで助かります。

『ドラえもん』だけではありません。『水戸黄門』もサスペンスドラマも、毎回、同じようなパターンで話が進みます。長期間続いている人気番組は、ほとんど同じ「型」を繰り返しているのです。逆にいえば、型があるからこそ、おもしろい内容を長期間続けられるのです。

私は小学生から社会人までを対象にした通信による作文・小論文指導を行っています。そこでも、型を重視して指導しています。とりわけ小学生の場合、「自由に書きなさい」と指示しても、ほとんどの人が書けません。たとえば、「私の友達」というような課題で文章を書いてもらっても、みんなが同じような内容になってしまいます。

ところが、後ほど説明しますが、はじめにどのようなことを書けばよいのか、次にどうするかという「型」を教えてから書かせると、すんなりと書けます。それどころか、型を示さずに自由に書かせるとみんな同じような内容になってしまうのに、型を示すと、むしろいろいろな発想が自由に出てくるのです。

よく「論理的に書け」といわれます。しかし、「論理的」といわれても、多くの人は具体的にどうすればよいのかわからないでしょう。しかし、それもそれほど難しいことではありません。これについても、後に説明するような論理的な「型」に沿って書いていけばよいのです。そうすれば、必然的に論理的な文章になるのです。

現在、多くの人が文章を書くのが苦手だと思っているのは、学校でかつてのような型を教えなくなったのが原因だといえるでしょう。「型通りに書くと、個性が失われる」「型にはまった没個性のものしか書けなくなる」という考えに基づいて、「自由に書きなさい」という指導がなされたために、文章を書ける人が少なくなったのです。

しかも、「型」といっても、それはたくさんあるわけではありません。短い文章の型は二つ、やや長めの文章の型が一つの合計三つの型を身につければ、かなり自由にどのような文章でも書けます。Ａ４判の紙で数枚あるいは数十枚になる長文でもあっても、三つの型を応用して書けます。本書の第６章では、ビジネス文書や私信などの様々な文章の書き方を説明しますが、それらも、基本的な型を身につけていれば、それほどの苦労なしに書くことができます。

そのようなわけで、本書では、具体的にいくつかの型を説明します。

もちろん、型を身につけた後に、それを自分なりに崩すのはよいことです。そうすることによって、だんだんと自分らしい文章になってきます。しかし、すぐには自己流で書かないことを勧めます。はじめのうちは、忠実に型を守ることを考えてください。それが、文章上達の最大のコツです。型を守って書く人のほうがずっと上達が速いのです。

2 短い文章を書くときの二つの基本型（A型・B型）

二〇〇字前後の短い文章を書くとき、次のような二つの基本的な型を守ることを勧めます。この型を身につけると、簡単に書けるようになります。

おそらく、多くの人は、これから説明する型を、それと意識しないまま応用していると思います。しかし、意識していないと、つい忘れてしまったり、曖昧になってしまったりします。コンスタントにしっかりした文章を書くには、型をしっかりと意識することが大事です。

これから紹介する二つの型を、それぞれ「A型」「B型」と呼ぶことにしましょう。これらはいずれも二つの部分からなっています。段落を分けて書いてもよいでしょう。

◆［A型］の構成

第一部……ずばりと言いたいことを書く

もっとも大事なことをズバリと書きます。

第二部……第一部で書いた主張の理由をまとめる

第二部では、第一部で示した主張について、そう思う根拠、その中身の詳しい説明、それを改善するための対策などを示します。

これがもっとも基本的な文章の型です。ふだん誰もが自然にこの型を使って話をしたり、文章を書いたりしているはずです。

例1

せっかくのご招待ですが、残念ながら、五月一四日のパーティには欠席させていただきます。
その前日に九州支所に出張し、当日の夕方、東京に戻る予定です。が、残念ながら、東京到着時刻がはっきりしません。仕事の進捗具合によりましては、深夜になる恐れがあります。次の機会に出席させていただきたく存じます。何卒よろしくお願いいたします。

例2

私は今回の企画には反対である。
第一の理由は、それを実現するための経費の捻出が難しいことである。企画を実現するには、提案者が言う通り、最低でも二〇〇〇万円必要だと思われるが、その費用を捻出する余裕がない。第二に、今回の企画がわが社のイメージと合わないことである。リスクを負って、社のイメージを変える恐れのある企画を行うべきではないと考える。

◆［B型］の構成

第一部……主張に至るまでの根拠などを説明する

第二部で示す主張の根拠になるような体験や出来事、例、あるいは、それに至るまでの説明などをまとめる。

第二部……一部から導かれた結論を書く

第一部で示された事柄から得られた結論を示す。

A型とまったく逆の「型」です。第一段落と第二段落が逆になった形と考えればよいでしょう。

例1

五月一三日に九州支所に出張し、一四日の夕方、東京に戻る予定です。が、残念ながら、東京到着時刻がはっきりしません。仕事の進捗具合によりましては、深夜になる恐れがあります。ご招待いただきましても、かえってご迷惑をおかけするように思います。せっかくのご招待ですが、そのような事情により、残念ながら欠席させていただきます。次の機会に出席させていただきたく存じます。何卒よろしくお願いいたします。

例2

今回の企画を実現するための経費の捻出が難しい。企画を実現するには、提案者が言う通り、最低でも二〇〇〇万円必要だと思われるが、その費用を捻出する余裕がない。また、今回の企画がわが社のイメージと合わない。リスクを負って、社のイメージを変える恐れのある企画を行うべきではないと考える。

そのような理由で、私は今回の企画には反対である。


ここに二つの型を示しました。

もっとも基本的なA型を主として使うことを勧めます。

この型を用いると、先にずばりと意見を示しているわけですので、相手にはっきり伝わります。書いている本人にしても、はじめにはっきりと意見を示していますので、途中でずれたりしないで書くことができます。その点、B型ですと、はじめに根拠を書いているうちに、自分でも何を書いているのかわからなくなる恐れがあります。

が、目上の人に反論するときやショッキングな事実を伝えるときなど、はじめからずばりと語ると、相手を怒らせたり、ショックを与えてしまう恐れがあります。そのようなときにはB型を用います。

実際の雑誌や新聞の文章なども、はじめに大事なことを示して、次に説明を加えるタイプの文章と、逆に、主張が最後に示されるタイプの文章の二種類があります。この二つのタイプの書き方が一般的にも広まっているのです。

繰り返しますが、文章を書くのが苦手な人は、このような型をしっかりと身につけていない人です。A型とB型がごっちゃになって、今何を書いているのかわからなくなってしまうと、わかりにくい文章になってしまいます。

しっかりと意識して書くことが大事です。

3 知的な文章を書くには、主張と根拠を示す

多くの人が文章を書くとき、何らかの意見を示すことがほとんどでしょう。そのような場合も、先に示した二つの型が有効です。A型を用いる場合には、最初に意見を示し、次にその根拠を語ります。B型を用いるときには、逆に先に根拠を語ってから、意見をまとめます。

例1［A型］

私は、夫婦別姓を認めることに賛成である。
現在は男女が結婚すると、ほとんどの場合、女性が改姓しているが、そうすると免許証や生命保険などすべて変更しなくてはいけなくなり、社会的不便を強制され、社会生活上の不利益を被る。仕事を持っている女性の場合には、改姓したことによって結婚前の業績が中断されたりすることもある。これは事実上の女性に対する差別にほかならず、あってはならないことである。

例2［B型］

世襲政治家は「３バン」、すなわち地盤、看板、かばんがあるために、ほかの人よりも有利である。そのため、特に政治に関心があるわけでもなく、活動をしてきたわけでもないのに、応援してくれている人の利権に乗って当選することが多い。そうなると、本当に地道に政治活動をしてきた人が当選できず、不公平が生じる。

それゆえ、私は世襲政治家の立候補には制限を加えるべきだと考える。


日本人は、自分の意見をはっきり言うことが苦手だといわれています。また、たとえ意見を言っても、ぽつりと意見を言うだけで、その根拠を示そうとしない人がいます。しかし、それでは相手は理解してくれません。

そのような人のためにも、このような型をしっかり守るように考えておくとよいでしょう。意見を書くときには、このような型を用いる癖をつけておけば、必ず根拠を示すようになり、知的な文章を書くことができます。これは口頭で話をするときにも応用できます。

練習問題

次の文章は、「高校の英語の時間には、授業中は原則としてすべて英語を用いるべきだ」という方針について書かれたものですが、型が上手に用いられていないために、意味不明になっています。これをA型あるいはB型でわかりやすく構成してください。

〈問題〉

海外の多くの学校で、英語による英語教育をして、力をつけているらしい。これからは英会話が大事だ。これまで文法の勉強ばかりだったので、力がつかなかった。私も六年間英語を勉強したのに、まったく話ができないし、作文もできない。こんなことではこれからの英語教育は意味がない。英語で授業をすると、英会話ができるようになるはずだ。だが、実際には英語を使って授業のできる先生が少ないので、難しいかもしれない。それに、現在の四〇人クラスではみんなが英語ができるようになるのは難しい。だから、何らかの対策が必要だ。

＜解答例：A型＞

私は、英語による英語教育を日本でも行うことに賛成だ。海外の多くの学校で、英語による英語教育をして、力をつけているらしい。これからは英会話が大事だが、英語で授業をすると、英会話ができるようになるはずだ。ただし、現在のままでは、英語を使って授業のできる先生が少ないので、養成する必要がある。また、現在の四〇人クラスではみんなが英語ができるようになるのは難しいので、人数を減らすなどの対策が必要だ。

4 総括と詳細を説明し、文章を整理する

意見を語るときだけでなく、目撃したことや知っていること、自分や他者の行動などを報告するときも、短い文章を書くことになるでしょう。その場合、A型を用いて、先に大まかなことを示した後で、後半に詳細を付け加えるとしっかりとまとまります。あるいは逆に、B型を用いて、先に詳細を語った後にそれを大まかにまとめることもできます。

先に大まかなことを読んでいる人にわかってもらうか、それとも最後にわかってもらうかという違いはありますが、いずれも、整理した書き方になります。

例1［A型］

週末には京都見物に行き、京都駅の東の地域のいくつかの寺院を見て、とても感銘を受けました。

最初に行ったのは三十三間堂でした。ずらりと並ぶ仏像は壮観でした。そのあと、そのすぐ近くにある知積院という小さな寺に行きました。庭園もさることながら、そこに所蔵されている長谷川等伯と久蔵親子の襖絵に圧倒されました。

例2［B型］

材料費として二五〇万円という数字が示されているが、それは五年前の価格であり、現在では三〇〇万円近くに達していると思われる。また、必要な人員として延べ二五人とされているが、その人数を確保するのは現状では難しい。
このように、今回の企画の見積には数字の上での甘さがある。

A型を用いる場合は、はじめに総括を示し、後半に詳しい内容を語ります。例として示した文章は、前半に「いくつかの寺院を見て」と語り、後半でその内容を詳しく説明しています。はじめから細かいことをあれこれ書くと全体像がはっきりしなくなって、読んでいる人は頭が混乱してしまいます。そこで、はじめに全体像を示し、そのあとで細かいことを示すのです。複雑なことを語る場合には、この型を用いるのが好ましいといえるでしょう。

逆に、B型を用いる場合は、細かいことを示した後、最後に全体をまとめて、はっきりと伝えるのです。例として示した文章は、前半に金額の細かいところを示しておいて、後半で大まかな説明をしています。あまりに複雑でない事柄を語るときなどは、このほうがふさわしいでしょう。

練習問題

次の文章は、上手に型を用いられていないために、意味不明になっています。これをA型あるいはB型でわかりやすく構成してください。

<問題>

パリのメトロに乗ると、満員の車両に乗っている全員がアフリカ系と中東系とアジア系だった。場末の道を歩くと、チャドル姿の女性たちが連れ立って歩いていた。三〇年ほど前はそんなことはなかった。モスクも見かけた。私が学生だったころに訪れたパリは、フランス人たちの世界だったが、今のパリは多民族の世界になっていた。名前は忘れたが、メトロの駅から外に出たら、漢字があふれていた。歩いているのは、中国人やベトナム人らしい人たちだった。

<解答例：B型>

パリのメトロに乗ると、満員の車両に乗っている全員がアフリカ系と中東系とアジア系だった。場末の道を歩くと、チャドル姿の女性たちが連れ立って歩いていた。モスクも見かけた。名前は忘れたが、メトロの駅から外に出たら、漢字があふれていた。歩いているのは、中国人やベトナム人らしい人たちだった。

三〇年ほど前、私が学生だったころに訪れたパリは、フランス人たちの世界だったが、今のパリは多民族の世界になっていた。

5 出来事と感想を書くときの二つの型の用い方

日常生活において、出来事とその感想を書く機会も多いはずです。仕事の上でも、取引先に行っての感想を書きつける必要があるでしょう。手紙やブログなどに、映画や小説の感想、人物についての感想を記すこともあるはずです。そうしたことを語るときにも、この二つの型を用いることができます。

例1［A型］

○○株式会社の戦略室は、その名前にふさわしくない旧態依然とした沈滞した雰囲気が感じられた。

その部屋には一五人ほどがいたが、最近まったく見かけなくなったワープロを使っている高齢の男性が二人いた。パソコンで仕事をしている人の中にも、のんびりとメールを書いている人と、カードゲームをしている人がいた。ほかの人も、のんびりコーヒーを飲んだり、おしゃべりをしたり。一二時のチャイムが鳴ると、待ってましたとばかりに、全員が食事に出かけていった。

例2［B型］

『カティンの森』というポーランド映画を見た。第二次大戦中、ポーランド軍の兵士たちがソ連軍に虐殺され、カティンの森に埋められ、しかもそれがナチスドイツの仕業だとされて、ソ連政府とポーランド政府によって真実が封殺されていく物語だ。映画の最後、虐殺の事実が明らかになり、兵士が次々と殺されていく場面がリアルに描かれている。私は、歴史の残酷さに胸を打たれて、しばらく食事がのどを通らない状態になった。

はじめから考えがまとまっているときや、ずばりと感想を示せる場合には、A型を用いるべきでしょう。しかし、書きながら自分なりに感想をまとめることも多いので、実際にはB型のほうが書きやすいかもしれません。

練習問題

次の文章は、上手に型が用いられていないために、意味不明になっています。これをA型あるいはB型でわかりやすく構成してください。

〈問題〉

主人公がビルの屋上で闘ったり、高いところから飛び降りたり、車が炎上したりといったアクション場面はたくさんある。だけど、はらはらすることもない、つまらない映画だと思った。なぜ高いところに行くのか、なぜそんなことをするのか私は納得できなかった。それに登場人物に共感できなかった。

〈解答例：A型〉

はらはらすることもない、つまらない映画だと思った。主人公がビルの屋上で闘ったり、高いところから飛び降りたり、車が炎上したりといったアクション場面はたくさんある。だが、なぜそんなことをするのか私は納得できなかった。それに登場人物に共感できなかった。

6 目的と方法を書くときの二つの型の用い方

多くの社会人が、日々、何かを計画し、そのための方法を考えていることでしょう。それゆえ、目的とそのための方法や対策を書き留めることもしばしばあるはずです。

このような簡単な企画書なども、これまで説明した二つの型を用いて書くことができます。

例1［A型］

業績の上がらないA部門をX部門に統合し、再編成したい。

そのために、A部門で唯一、将来性があると思われる子ども向け商品の処理については三月末日までにS課長を中心とするタスクグループで決定し、それについてはB部門が受け継ぐこととする。それ以外の部門はX部門が四月末日までに精査して決定し、採算の取れない部門については事業を停止する準備を行う。

例2［B型］

　最初にしなければいけないのは、中心メンバーの確定です。今週中に課のメンバー全員に意見を聞いて希望者を募ります。希望者がいない場合には、小田課長に決定を一任します。その後、どのような理念で開催するか、告知はどのようにするかをメンバーで決定する必要があります。また、会社から援助資金が出せるかどうかについても、同時進行で私が折衝してみます。
　こうして、六月二三日に第一回の社内ライブ大会を開きたいと思います。

　A型を用いる場合には、まず目標を書き、次に、それを実現するための対策や方法、条件などを書きます。こうすることで、第一部で示した内容の正しさ、現実可能性などを説得します。B型を用いたときには、先に対策や条件を示してから、目標を示します。

練習問題

　次の文章は、上手に型が用いられていないために、意味不明になっています。これをA型あるいはB型でわかりやすく構成してください。

＜問題＞

ソファを買ったので、月曜日に棚を解体して、ソファを入れる場所を確保しておく必要がある。その間、棚の中にあったものはそのまま段ボール箱に入れておく。火曜日と水曜日は仕事が遅くなってできないので、木曜日に棚の中にあったものを机などに整理する。そのようにして、模様替えをしておく必要がある。金曜日にはソファにあわせて、テレビの位置などを動かしておく。

＜解答例：Ａ型＞

ソファを買ったので、それが来るまでに部屋の模様替えをする必要がある。

月曜日に棚を解体して、ソファを入れる場所を確保しておく必要がある。その間、棚の中にあったものはそのまま段ボール箱に入れておく。火曜日と水曜日は仕事で遅くなってできないので、木曜日に棚の中にあったものを机などに整理する。金曜日にはソファにあわせて、テレビの位置などを動かしておく。

第2章

文章のルールを意識して書く

文章を書くには、文法、言葉の使い方、表記など、
様々なルールがあります。
このようなルールを無視して書いてしまいますと、
読み手に自分の考えが伝わらないだけでなく、
時には教養がないと思われてしまうこともあります。
文章を書く上でのルールをしっかり意識すると、
これまで迷いながら書いていたことが
明瞭になるのではないでしょうか。

7 話し言葉と書き言葉をきちんと区別する

日常的には、ほとんどの人が、話し言葉を用いて話しているでしょう。手紙や友人へのメールなどでも、話し言葉を使っているかもしれません。しかし、それを仕事の上での文章に用いるべきではありません。仕事の文章を書くときには、書き言葉をきちんと用いるのが原則です。

つまり、一般の新聞の文体を用いることが必要です。

ところが、話し言葉と書き言葉の区別がきちんとできていない人が少なくないようです。

以下、実際に目にすることの多い例を示します。

◆話し言葉と書き言葉の違い

話し言葉		書き言葉
・「ほかの人だってしている」	↓	「ほかの人もしている」
・「私はそんなことは知らないけど」	↓	「私はそのようなことは知らないが」
・「その部屋には本なんてものはない」	↓	「その部屋には本などというものはない」

- 「私は仕事をしてるところだ」 → 「私は仕事をしているところだ」
- 「私は部屋に入った。でも、誰もいなかった」 → 「私は部屋に入った。だが、誰もいなかった」
- 「山田とゆう人は知らない」 → 「山田という人は知らない」
- 「オレンジみたいな果物があった」 → 「オレンジのような果物があった」
- 「読書とかするのは好きではない」 → 「読書をするのは好きではない」
- 「私は関心がない。なので、コンサートには行かない」 → 「私は関心がない。だから、コンサートには行かない」
  （接続詞としての「なので」は、文章では好ましくありません）
- 「私はそのようなことはしないべきだと思う」 → 「私はそのようなことはするべきではないと思う」
  （「ないべき」という表現は、現代語ではあまりしません）

間違いやすい「れる」と「られる」

「れる」「られる」の間違いもよく見受けられます。話し言葉では、スポーツ選手がテレビに出て話をすると、ほとんどの人が「られる」で活用するべきところを「れる」で活用させているようです。

話し言葉の場合には、それほど問題はないのですが、書き言葉では、従来の文法を守る必要があります。

これまでの文法では、「れる」は五段活用とサ変の未然形に、「られる」は、それ以外の活用形の未然形につくとされています。しかし、そうはいってもなかなかわかりにくいものです。

ここでは、自信がない人のために、簡単な見分け方を説明しましょう。命令形が「れ」で終わる言葉に対しては「れる」、命令形が「ろ」で終わるものについては「られる」と考えておくと、ほぼ合致するはずです。

「投げろ」「見ろ」「食べろ」「止めろ」「やめろ」だから、「投げられる」「見られる」「食べられる」「止められる」「やめられる」が正しいのです。「投げれる」「見れる」「止めれる」とは言いません。「走れ」「放れ」だから、「走れる」「放れる」という活用になります。

練習問題

次の文章を正しい書き言葉に改めてください。

〈問題〉

1 私の知り合いの人は子どもに携帯電話を持たせて、帰りが遅くなるときなんか連絡させています。だけど、小学生だからよくわからないまま携帯電話を危険なサイトにつないでしまうことがあります。なので、小学生が携帯電話を使うのはよくないと思います。

2 平成の大合併なんかすると住民のニーズに応えれなくなるんじゃなかろうか。また、合併すると、役所の人員があまってしまうのでリストラすることになるけど、そうなると失業者が増えるかもしれない。そんなことはしないべきだ。

〈解答例〉

1 私の知り合いの人は子どもに携帯電話を持たせて、帰りが遅くなるときなどに連絡させています。しかし、小学生だからよくわからないまま携帯電話を危険なサイトにつないでしまうことがあります。だから、小学生が携帯電話を使うのはよくないと思います。

2

平成の大合併などをすると住民のニーズに応えられなくなるのではなかろうか。また、合併すると、役所の人員があまってしまうのでリストラすることになるが、そうなると失業者が増えるかもしれない。そんなことはするべきではない。

8 読点の打ち方と段落のかえ方

◈読点の打ち方──基本は、〝声を出して読むときの間〟で打つ

句読点、特に読点（つまり、テン）の打ち方に迷っている人が多いようです。英語は、どんなときにコンマを打つか、ほぼ決まっています。が、日本語の場合にはきちんとした決まりはありません。学校でも、どんなときに点を打つのか、きちんと習った覚えのない人がほとんどではないでしょうか。そんな事情もあって、点をどこで打つのか悩んでいる人が多いのでしょう。

しかし、実はそれほど悩む必要はありません。はっきりした決まりはないのですから、かなり自由なのです。たとえ、ほかの人と違う打ち方をしていたとしても、それは特に間違いというわけではありません。

ただ、読点をどう打つかによって、読みやすくなったり、読みにくくなったりします。たとえば、読点というのは、基本的には声に出して読むときに少し間を空ける部分を意味するわけ

ですから、読点のほとんどない文章は、読んでいて息苦しい感じがしてくるでしょう。逆に、読点の多すぎる文章は切れ切れになってしまって、意味がわかりにくくなってしまいます。そうしたことに気をつけて読点を打つ必要があります。

そのようなわけで、一般的に、次のように読点を打つとわかりやすくなるといわれていますので、参考にしてください。

〔意味がわかりやすくなる読点の位置〕

①主語が長いとき、主語のあとに付ける

〔例〕私がその場に行ってはっきりと目にしたのが、彼女の泥酔姿だった。

②文頭の接続詞のあとに付ける

〔例〕したがって、私はそれに賛成である。

③重文で、「……だが」「……なので」などのあとに付ける

〔例〕そのような考えがあることは私も十分承知しているが、それに賛成することはできない。

④続けて書くと、別の言葉と誤解されるときに付ける

〔例〕ハイドン、モーツァルト、ベートーヴェン、シューベルトが同じ時代のウィーンに住んでいた。

段落のかえ方──文章の種類、状況によってかえる

また、読点とともに、段落についてもどのようなタイミングでかえればよいのかわからずに迷う人が多いようです。また、頻繁に段落がえをしすぎたり、逆に、段落をかえずに長々と書いてしまう人もいるようです。

段落がえについても、読点と同じように、はっきりした規則はありません。好みによって、そのときの状況によって、かなり自由にすることができます。ただ、標準的な段落がえについて、説明しましょう。

〔標準的な段落がえ〕

①論理的な文章では、やや長めにする

論理的な文章の場合には、あまり頻繁に段落をかえるべきではありません。論理的な文章の

場合、段落を頻繁にかえると、一貫した論を追うことができなくなります。第3章で説明する四部構成のひとつの部分をひとつの段落で書けばよいでしょう。

また、もう少し多めに段落をかえたい場合には、ひとかたまりとして捉えられる部分は、ひとつの段落としてまとめることもできます。たとえば、「第一に……。第二に……」などのパターンで書く場合、それぞれをひとつの段落にします。

②エッセイの場合には、頻繁に段落がえをしてよい

エッセイなどの段落は、映画やテレビドラマのカメラショットに似ています。ひとつの段落が長い場合は、ひとつの場面を長く写している場面のようなものです。短い段落を積み重ねる文章は、カメラアングルが次々と変わって、緊迫感のあるドラマのようです。そのようなことを意識して、場面が変わるときや話題が変わるとき、雰囲気が変わるときなどに段落をかえると、読みやすくなります。

③読みやすくするためには、段落がえを頻繁にする

段落は読みやすさと関係があります。ひとつの段落が長いと読むのに忍耐が必要です。逆にいえば、読みやすくしようと思ったら、段落を頻繁にかえればよいわけです。論理的な文章で

あっても、少し気楽に読んでほしい場合には、少し多めに段落がえをするとよいでしょう。

練習問題

次の二つの文章に読点を打ったり削除したりして、読みやすい文章にしてください。

〈問題〉

1 たとえば日本の企業は現在中国やベトナムに工場を建設しているがそれによって現地の人々に働き口ができるのでありその人々も徐々に技術を獲得して自国産業を育成できるようになるのである。

2 私は、子供のころから、風に乗って、宙に浮かびたいと、思っていた。空を飛びたい、というのとは、違う。風船のように、ふらふらと、風に、乗りたいのだ。

解答例

1

　たとえば、日本の企業は現在、中国やベトナムに工場を建設しているが、それによって、現地の人々に働き口ができるのであり、その人々も徐々に技術を獲得して、自国産業を育成できるようになるのである。

2

　私は、子供のころから、風に乗って宙に浮かびたいと思っていた。空を飛びたいというのとは違う。風船のようにふらふらと、風に乗りたいのだ。

9 一文を短くして、文法的に正しい日本語を用いる

時々、意味の通じない文を書く人がいます。論理的に一貫性のない文章を書く人もいますが、それと同じくらい多いのが、一つひとつの文の意味が不明確な人です。そして、そのような人の書く文には、主語と述語のかみ合わせのおかしいものがよくあります。

典型的な誤った文章を示してみましょう。

〔主語と述語がかみ合っていない文章〕

● 「私の長所は、どんなところに行ってもすぐに適応し、何に対しても臨機応変に行動できます」

● 「私は、途上国の産業を育成するには、日本の工場が現地で生産するだけでは不足である」

● 「日本社会では寡黙なほうがよいと思われているが、それは、日本社会が他者に対して自己主張しなくてよい社会であった」

● 「考えるに、私はこれからもっとセーフティネットを完備するべきだと考える」

これらは主語と述語がかみ合っていないために、おかしな文になっているのです。これらは次のように改めるべきです。

- 「私の長所は、どんなところに行ってもすぐに適応し、何に対しても臨機応変に行動できるところです」
- 「私は、途上国の産業を育成するには、日本の工場が現地で生産するだけでは不足であると考える」
- 「日本社会では寡黙なほうがよいと思われているが、それは、日本社会が他者に対して自己主張しなくてよい社会であったことが原因である」
- 「考えるに、私はこれからもっとセーフティネットを完備するべきである」

〔主語が曖昧な文章〕

また、一文の中で主語が曖昧であるために、意味が不明になる文章もしばしば見かけます。次のような例です。

- 「ぼかし言葉は、物事を杓子定規にではなく、もっと自由に捉えようという意識を持っていることを表しているので、堅苦しく物事を捉えて自分を抑圧する傾向が強かったのを改めて、自由への意欲があるように見える」

これは、次のように主語を明確にし、主語と述語を意識しながら言葉を補うことで意味が明確になります。

●「ぼかし言葉は、日本人が物事を杓子定規にではなく、もっと自由に捉えようという意識を持っていることを表している。これらの言葉には、かつての日本人が堅苦しく物事を捉えて自分を抑圧する傾向が強かったのを改めて、これからはもっと自由を求めようという意欲があるように見える」

このようなことを防ぐためには、まず一文を短くすることが大事です。一文が長いために、主語にどのようなことを書いたか忘れてしまって、述語がかみ合わなくなってしまいます。ひとつの文が六〇字を越したら注意してください。できれば、四〇字程度に収めるように心がけます。

どうしても一文が長くなってしまう人は、欲張ってたくさんのことをいおうとしているのでしょう。ひとつの文ですべていおうとしないで、いくつかの文に分けていってみてください。また、主語と述語を明確にするとよいでしょう。日本語の場合、主語や述語を省略する傾向がありますが、文章が苦手だと感じている人は、しつこいようでも主語をはっきり書くように心がけましょう。

練習問題

次の文を複数の文に分けてください。

〈問題〉

1 電車の中で化粧をするのをみっともないという人もいるが、若い人に化粧をする人が多いということは、日本人の考え方が変わったということだし、ずっと同じことを信じていたら、進歩というものがなくなって、だんだんと新しい考えを身につけるからこそ進歩するという面があるのだから、昔の考えに執着するのでなくて、新しい時代というものに乗ることを考えたほうがよい。

2　山や野原で昆虫採集に夢中になって、自然の中で思い切り動き回る体験をする人を、虫を殺して自然を破壊していると非難する人がいるが、昆虫採集する人のほうが、自然を大事だと口で言いながら実際には自然に触れずにいる人よりも、ずっと自然を知っており、自然を大事にする意識を持っているので、むしろ昆虫採集を世界中で勧めて、もっと自然に触れ合うようにするほうが自然環境を守るのに役立つと私は考えて、このような活動をしているのである。

＜解答例＞

1　電車の中で化粧をするのをみっともないという人もいる。だが、若い人に化粧をする人が多いということは、日本人の考え方が変わったということである。ずっと同じことを信じていたら、進歩というものがなくなる。だんだんと新しい考えというものを身につけるからこそ進歩するという面がある。だから、昔の考えに執着するのでなくて、新しい時代というものに乗ることを考えたほうがよい。

2

山や野原で昆虫採集に夢中になって、自然の中で思い切り動き回る体験をする人を、虫を殺して自然を破壊していると非難する人がいる。だが、昆虫採集する人のほうが、自然を大事だと口で言いながら実際には自然に触れずにいる人よりも、ずっと自然を知っており、自然を大事にする意識を持っている。それゆえ、むしろ昆虫採集を世界中で勧めて、もっと自然に触れ合うようにするほうが自然環境を守るのに役立つ。私はそう考えて、このような活動をしているのである。

10 敬体と常体、どちらかに統一する

「です・ます」調（敬体）と「だ・である」調（常体）の入り交じった文章を見かけます。もちろん、プロの作家などの中に、これを織り交ぜて書く人がいます。が、それはある種の名人芸だと思うべきです。一般の人がそれを真似るべきではありません。

文章を書く場合、敬体を使うか、常体を使うかのどちらかに統一するのがルールです。つまり、「です・ます」で書き始めたら、最後までそれを続ける必要があります。ひとつの文章の途中で「です・ます」から「だ・である」に変わったら、それを書いた人は基本的な国語力が不足している、書き方の最低限のルールも知らないとみなされてしまいます。

どちらの文体を選ぶべきかについては、場合によります。

◆特定の人に呼びかける敬体、不特定の人に対しては常体が一般的

一般的には、特定の人に呼びかけるときには「です・ます」を用い、不特定の人物に対して公的に書くときには「だ・である」を用いるというのが原則です。つまり、手紙などでは、「で

す・ます」を、新聞や論文などでは「だ・である」を使います。

ですから、社会についてしっかりと論じ、何かを主張するときには、堂々と「だ・である」を使うべきです。レポートなど、会社宛に出すときには、「だ・である」が原則です。

ただし、「だ・である」は断定的で偉そうに思われることがあります。したがって、目上の人に宛てて書くとき、常体を用いると、失礼だと感じられてしまうことがあります。そのような場合は、「です・ます」のほうがよいでしょう。

会社のレポートや社内報のエッセイなどは、どちらで書いてもよいでしょう。ただ、この二つの文体はニュアンスが異なりますので、それに応じて書き分けるのがうまい方法です。

また、「です・ます」はへりくだった優しい雰囲気を読み手に与えることができます。また、ゆっくりとした情感を出すのに適しています。次の二つの文章を読み比べてください。

例1

歩いているうちに、見知らぬ人に出会った。その人は私に気づいている様子でちらりと私を見てから、去っていった。

例2

歩いているうちに、見知らぬ人に出会いました。その人は私に気づいている様子でちらりと私を見てから、去っていきました。

「です・ます」かそうでないかだけの違いですが、かなり雰囲気が異なるのがわかっていただけるでしょうか。「だ・である」にすると、スピーディな感じになりますが、「です・ます」はゆっくりした雰囲気になります。そのようなニュアンスを上手に利用して、どちらの文体にするかを決めてください。

ところで、「です・ます」を用いるとき、少し気をつけてほしいことがあります。話をするときには、「私はうれしいです」「その本がほしいです」などという表現を用いますが、文章の場合、「終止形＋です」の形を使いません。これを使うと、「とてもおもろかったです」というような小学生の日記のような雰囲気になってしまいます。「私はうれしいと思いました」「私はうれしいのです」などと表現する必要があります。

練習問題

次の文を「だ・である」調に改めてください。

＜問題＞

昔の子どもたちは、山や野原で昆虫採集に夢中になり、自然の中で思い切り動き回る体験をしました。そうすることで、人間が自然の中にいかに従属して生きているか、人間が大自然に比べていかに弱い存在であるかを知りました。また、自然がいかに大事か、生物がいかに自然の中で生きているかも身体で知ることができました。そのような経験のない人が意味なく自然を破壊し、自然を経済的な利益のために使おうとするのです。

＜解答例＞

昔の子どもたちは、山や野原で昆虫採集に夢中になり、自然の中で思い切り動き回る体験をした。そうすることで、人間が自然の中にいかに従属して生きているか、人間が大自然に比べていかに弱い存在であるかを知った。また、自然がいかに大事か、生物がいかに自然の中で生きているかも身体で知ることができた。そのような経験のない人が意味なく自然を破壊し、自然を経済的な利益のために使おうとするのである。

11 表記のルールをしっかり守る

文章を書く場合のルールがあります。それを知らずにいると、文章の基本ができていないと判断されてしまいます。まずは、ルールをしっかりと守ることが大事です。

以下のルールをしっかり守ってください。

◆文章表記の基本的なルール

①書き出しと段落のはじめは一マスあける

文章を書くときには、書き出しと段落をかえた後は一マスあけるのが原則です。それがあいていないと、しっかりした文章とみなされません。

最近、とりわけパソコン文書などで、最初の一マスをあけない書き方があります。が、そうしますと、段落がえをしているのかしていないのかがはっきりしません。そのような理由で、一マスあけることを勧めます。

②行のはじめに句読点や閉じかっこは付けない

「。」や「、」などの句読点やかっこなどは、行のはじめに付けません。前の行の最後に加えます。パソコンで書くとき、「禁則」として自動設定になっていますので、特に気にする必要はありませんが、手書きのときには気をつけてください。

③縦書きでは漢数字、横書きでは算用数字

数字を用いるとき、縦書きの場合は漢数字、横書きは算用数字にするのが原則です。また、パソコンで書くときには、横書きの場合、数字は半角にする（つまり、一マスに二字入れる）のが慣用となっています。

したがって、縦書きでは、「五人」「二十三人」（あるいは、「二三人」）、「二〇一〇年」と書きます。横書きの場合には、「5人」「23人」「2010年」と書きます。ただし、「一体感」「三日坊主」「一日千秋」などの熟語は、漢数字で書きます。

④アルファベットの単語や文も基本的に半角にする

全体を横書きで書いている場合も縦書きで書いている場合も、アルファベットの単語や文を書くときには、横書きにして半角を用いるのが原則です。「I am a boy」と書きます。ただし、

「ＣＤ」「ＮＨＫ」などの略語は全角を用います。

⑤間違いやすい文字には気をつける

手書きの場合に、特に間違いやすい文字を次に挙げておきます。

・不可欠（決ではない）
・弊害（幣ではない）
・展開（回ではない）
・招待（紹ではない）
・徹底（撤ではない）
・専門（問ではない。また、文と書く人も多い）
・一緒（諸ではない）
・患者（看ではない）
・概念（慨ではない）

・既に（概、慨ではない）
・意識（織ではない）
・幼稚（幻ではない）
・議論（義ではない）
・講義（議ではない）
・講演（構ではない）
・熟語（塾ではない）
・脳死（能ではない）
・能力（脳ではない）
・規制（基ではない）

・関心（「感心する」とごっちゃにしない）
・週刊誌（間ではない）
・価値観（感ではない）
・普遍的（偏ではない）
・危機　髪（発ではない）
・模範解答（回答ではない）
・一極集中（曲・局ではない）
・科学技術（化学ではない）
・言語道断（同断ではない）

12 かっこ・カギかっこなどの使い方

文章の中で、かっこやカギかっこを使うことがあります。それらの使い方については、はっきりした決まりがあるわけではありませんが、慣用的に、以下のように使われることが多いようです。

◆かっこ・カギかっこなどの基本的な使い方

①カギかっこ（「　」）の使い方

◎会話や引用をするときには、「　」を用いる。

◎ある言葉を強調するときにも、使われることが多い。

〔例〕私たちは日々、様々の「色」に囲まれて生きている。

◎論文、記事、著書の中の単独の作品、著書の中の章のタイトルなどを表すときに用いる。

（ただし、書名や作品名は二重カギかっこ（『　』）を用いる）

〔例〕今朝の新聞に「就職戦線の今」という記事が出ていた。

②二重カギかっこ（『　』）の使い方

◎「　」内の「　」を表すときに用いる。

〔例〕吉田が、「今朝の新聞に『就職戦線の今』という記事が出ていた」と教えてくれた。

◎作品名、書名を表すときに用いる。

〔例〕ドストエフスキーの傑作『カラマーゾフの兄弟』

③かっこ（（　））の使い方

◎補足説明するときに用いる。

〔例〕今朝の新聞に「就職戦線の今」（二〇一〇年二月二十二日〇〇新聞）という記事が出ていた。

④記号（傍点・傍線・下線）の使い方

◎強調するときに用いる。

〔例〕私たちは日々、様々の色に囲まれて生きている。

◎どこからどこまでがその単語なのか見分けがつきにくいときに用いる。

〔例〕しおりははしかにかかった。

⑤クォーテーション・マーク（〝〟）の使い方

◎横書きのとき、「　」と同じように使う。

〔例〕今朝の新聞に〝就職戦線の今〟という記事が出ていた。

⑥中黒（・）の使い方

◎「、」よりも、並列性の強いとき、いくつかの単語を並べるときに使う。

〔例〕福岡・大分・宮崎・熊本の各県

◎外国人の名前のファーストネームと姓、あるいはミドルネームの間につける。

〔例〕ジョージ・ワシントン　ルードヴィヒ・ヴァン・ベートーヴェン

13 むやみに難しい専門語などは使わない

無意味に難しい語句を用いる人がいます。難しい漢字を使ったり、カタカナを多用したビジネス用語を並べたりするのも、このタイプの人の特徴です。どうやら、難しい言葉を用いるのが文章の上手な人だと考えているようです。

しかし、それは大きな間違いです。

文章は独り善がりでは意味がありません。そのような文章を書く人は自分の知識や教養をひけらかそうとして、むしろ考えの狭さを示しています。文章は誰にでもわかるように書いてこそ意味があります

また、このタイプの人は、「従って」「為」「事」などにも漢字を使おうとする傾向があります。また、もっと気取って「其の」「或る」「之は」などといった漢字を使うこともあります。「従って、その為に或る事をせざるを得ないのである」というような文を書いて悦にいっているのです。

もちろん、文学作品でしたら、このような文体でもよいでしょう。しかし、それを日常の文章の中で使っては、周りの人が読みにくいだけです。そのような気取った表現を用いる必要は

まったくありません。

わかりやすくするためのコツとして、漢語をあまり使わないことです。「言語操作能力の拡大が円滑な論理的思考をもたらす」といわずに、「言葉を用いる能力を拡大させると、論理的に思考できるようになる」と書くことで、わかりやすくなります。

練習問題

次の文章をもっとわかりやすい文章に改めてください。

＜問題＞

医師・看護師不足の早急なる解決のため、勤務の過酷さの緩和を目的とする労働環境の改善や、地方勤務や特定の診療科の医師を希望する医学生や医療系の学生を助成する仕組みづくり、また医療でできること、できないことを一般の患者に告知し、医療への過信をなくしつつ信頼を得るための啓蒙活動も重要な対策である。

＜解答例＞

医師・看護師不足を早く解決するために、次のような対策をとることが重要である。まず、勤務が過酷でなくなるように労働環境を改善することである。また、地方勤務や特定の診療科の医師を希望する医学生や医療系の学生を助成する仕組みをつくることである。そして、医療にできることとできないことがあることを一般の患者に知らせて、医療への過信をなくしつつ信頼を得るための啓蒙活動をすることである。

第3章

300字以上の論理的文章を書くテクニック

短い文章の書き方の基礎を説明してきましたが、
実社会で多くの人が本当に困っているのは、
300字以上の長めの文章を書くときでしょう。
企画書もレポートもかなりの字数を要します。
ここでは長めの論理的文章の書き方を説明しますが、
これまで学んだことを基礎にして、
それを積み上げてください。

14 論理的な文章とそれ以外の文章

文章には、二種類あるといえるでしょう。

ひとつは論理的文章です。大学入試や昇進・昇格試験に課されることのある小論文がその典型といえるでしょう。レポートや意見文、企画書、学術論文、研究論文などもそれに含まれます。もうひとつは論理を重視しない文章です。手紙や、小・中学校時代に書いた作文がそれにあたります。社内報に書くエッセイなどはこのタイプでしょう。

この二つはかなり異なるものだと考えてよいでしょう。書き方も考え方もかなり異なります。私は両方の文章の指導を行っていますが、両方とも得意という人はむしろ稀で、ほとんどの人がどちらかひとつを得意とします。

社会人になると、社内報にエッセイを書くような場合を除いて、論理的な文章を書くことが求められます。それゆえ、実際の使用の比重は、圧倒的に論理的な文章のほうが多いはずです。しかも、学校で論理的な文章の書き方をきちんと学習した人はそれほど多くはないはずです。小・中学校のころに「作文」はある程度学ぶでしょうが、小論文やレポートの書き方を学ぶ人は少数派でしょう。

そのために、本章では論理的な文章の書き方を先に説明することにします。まずは、論理的な文章のエッセンスの詰まっている小論文から練習することにしましょう。

ところで、これまで小論文を学校で学んだことのない人は、小論文を難しいものと思っているかもしれません。特に作文が苦手だった人は、そのような意識を持っているかもしれません。しかし、実はそれほど難しいものではありません。私はむしろ作文よりもやさしいと考えています。作文を書くには上手な表現、豊かな語彙、文章のリズムなどが必要です。しかし、小論文は、論理的に書ければ、少々文章が下手でもかまいません。それに、論理的に書くことも、それほど大変なことではありません。これについても一定の「型」に沿って書けば、自ずと論理的になるのです。

小論文と作文の違い

では、小論文と作文はどう違うのでしょうか。

ふつう、「作文というのは、出来事やそれについての感想や印象を、表現を工夫して書くものだ。それに対して小論文というのは、論理的に社会や人間のあり方について論じるものだ」

といわれます。ですが、きっと、そういわれても、多くの人が、まだわかった気にはならないはずです。それに、「論理的」とはどういうことかも、ピンとこないかもしれません。

私は、そのような人には、こう答えることにしています。

小論文と作文の根本的な違い、それは小論文が、ある命題に対してイエスかノーかを答えるものだということです。たとえば「ボランティア」という題で書く場合、ボランティア活動の内容や、それを体験して感じたことなどを書いても、それは論理的な文章にはなりません。それは作文の一種です。

「ボランティア」について小論文を書く場合には、ボランティア活動は好ましいのか、もっと広めるべきなのか、ボランティア活動を学校の単位に加えてよいのか、というようなイエスかノーかを問う問題を自分で作って、それに対して理由を示しながら、判断するのです。つまり、逆にいうと、イエス・ノーを尋ねる問題を作って、それを答えればよいということなのです。「ボランティア」という題が出されたら、上手にイエス・ノーで答えられるような問題を考えるわけです。

そもそも「論じる」とは、「物事の是非をただす」（広辞苑）ことを意味します。わかりやすくいえば、イエスかノーかをはっきりさせることです。小論文とは、ひとつのイエス・ノーをはっきりさせる文章のことなのです。

15 論理的な文章の鉄則と文体

では、どのような文章が小論文として優れた文章なのでしょうか。次のような条件を満たしているものと考えてよいでしょう。

◆優れた小論文の条件

①現状を踏まえている

現状を正確に理解していなければなりません。現状を理解しないで、的外れのことを書いていたら、それだけで説得力がありません。

②的確に分析している

現状を引き起こしている背景、原因、そして、それによって生じる結果などをしっかりと把握し、目に見えない背景があることを示しています。

③わかりやすい文章で書かれている

わかりやすい文章で書かれていることも、優れた小論文の条件です。凝った言い回しは必要ありません。同じ言葉を繰り返し使っても、少しもかまいません。言葉の美しさよりも正確さ、わかりやすさを心がける必要があります。わざと難しい言葉を使うのではなく、わかりやすさを優先します。

④斬新なところがある

ありふれたことをありふれた通りに書いたのでは、標準的な文章にしかなりません。優れた文章には、ほかの人では気づかないような斬新なところが必要です。誰も気づいていないような分析をしていたり、目新しい問題を提起していたり、人と違った判断があったりといった、独創的なところがあると、優れた小論文になります。

◆論理的文章の文体

①常体が原則

会社の上司に提出するレポートなどでは、敬体（です・ます調）も許容されますが、公的な文章とみなされる場合には、小論文は常体（だ・である調）が原則です。

②整理して書く

エッセイなどでは、自由に書くことができます。たとえ未整理に書かれていても、そのことが魅力を持つことがあります。が、小論文の場合、できるだけ整理して書くことが求められます。たとえば、次のような表現を用いると、うまく整理できます。

「それには三つの理由がある」

「経済面から見ると以下の通りである。……次に文化面から見てみよう」

「第一に……。第二に……」

③きちんと裏付ける

レポート・論文の文章で重要なのは、何かを主張したり、指摘したりしたら、必ず裏付けを加えることです。もし、それをしないでいると、主観的に決めつけているだけの文章になります。抽象的なことを書いたら必ず説明を加えるよう癖をつけておくとよいでしょう。

④感情表現を加えない

論理的な文章の中に、「かわいそう」「情けない」「うれしい」などの感情的な表現を加えるべきではありません。「私は怒っている」「そんなことは許せない」などというような表現も好ましくありません。論理的な文章は、理性的に理詰めで書くものです。冷静に分析し、その的確さによって勝負するものです。

⑤はっきりと意見を書く

エッセイであれば、ほのめかす方法があります。また、「ではなかろうか」などと書いて、判断を読者に任すこともできます。が、小論文の場合には、はっきりと自分の意見を書く必要があります。婉曲な表現にするべきではありません。はっきりと「……である」と考えて、その理由を示します。「私はそのようなことを言える立場ではないが」「私はこれについては疎いが」などといった弁解も必要ありません。

⑥同じ言葉を繰り返すほうがよい

小説などでは、同じ表現を繰り返さず、意味が同じでも別の言葉を探すほうがよいとされます。しかし、小論文の場合、同じ意味なら同じ言葉を繰り返すのが原則です。別の言葉を使うと、意味も異なるとみなされます。ですから、むりやり別の言葉を探す必要はまったくありません。

⑦最小限の敬語にとどめる

レポートに関しては、原則として敬語を使う必要はありません。とはいえ、取引先の部長について語るとき、「部長が来た」などと書くと、状況によっては失礼になりますので、「部長が来られた」などと表現するほうがよいでしょう。しかし、過剰な敬語表現は論理的に分析する文章の邪魔になりますので、最小限にとどめることを考える必要があります。

16 メモを取る――その(1) 問題提起を考える

ぶっつけで文章を書こうとする人がいます。もちろん、書き慣れている人であれば、それでよいでしょう。しかし、そうでなければ、きちんとメモを取る必要があります。書き慣れた人は、すでに何度も同じような文章を書いているために、頭の中にメモを取ることのできる人です。文章を書くのを苦手としている人は、メモを取ってこそ、しっかりした文章を書くことができます。

とりわけ入社試験や昇進試験など、題を与えられて、限られた時間で小論文を完成する場合、しっかりと短時間でアイデアを出す必要があります。それにはメモが不可欠です。

メモに取るべきことは二つあります。ひとつは、論を深めるためのアイデア、もうひとつは構成のためのメモです。

◆メモの取り方

まずは、アイデアメモについて説明しましょう。

すでに説明したように、イエスかノーかを問う問題提起を作って、それを論じると論理的でまとまりのある小論文になります。たとえば昇進試験において、「○○について」「○○はなぜか」などという課題が出されたとしても、「□□は正しいか」「□□は望ましいか」「○○の理由は……か」というようなイエスかノーかを聞く形式の設問に変えると、書きやすくなります。

何かの文章があって、それについて論じる必要がある場合や、与えられたデータについて論じる場合も、その課題文やデータから得られる何かの指摘や主張に対してイエスかノーかを答える必要があります。

ですから、まず、どんなイエス・ノーの形にするかをメモに取る必要があります。

文章を与えられている場合には、それが正しいかどうかを問題提起するのが基本ですから、正確に読む努力をすればよいのですが、「○○について」などの課題が出されたときには、自分で命題を作る必要があります。

その場合、一番簡単なのは、最初に思いつく命題を、自分の意見ではなく、イエス・ノーの問題にする方法です。

たとえば、「わが社の今後の展望について」という題を出された場合、かなりの人が、だいぶ前からあちこちでいわれている問題、たとえば「わが社も中国に進出するべきだ」といった問題を思い出すことでしょう。そこで、それが正しいかどうかをイエスかノーかで論じるわけです。

ただし、問題提起を考える場合、以下の三原則を考慮してください。

◆問題提起を作る場合の三原則

①賛否両論なければならない

論じるまでもなく、イエスに決まっているような命題では論になりません。そんな問題提起で書くと、みんなが知っていることを繰り返して説明するだけの文章になってしまいます。問題提起は、賛否両論あるものでなくては論にならないので注意しましょう。

②手に負えるものでなければならない

使える時間と字数に見合った問題を考える必要があります。たとえば、九〇分で八〇〇字書く昇進試験の会場で、膨大な資料を必要とするような主張をしようとしても、あるいは独創的な意見を展開しても、説得力のあることは書けないでしょう。数ヶ月かけて数十枚にわたる報告書を書くような場合には、大きな問題について論じることができます。数日かけて数枚の報告書を書く文章でも、インターネットで様々なことを調べて書くことができます。

③論が深まるものでなければならない

「わが社の問題点」というテーマで文章を書く場合、問われているのは、会社全体の方向性と関わる問題点のはずです。それなのに、「会社のトイレを温水洗浄便座にするべきか」などについて論じても論は深まりません。問われていることを深められるような問題提起であるべきです。

練習問題

次のような課題について論じることが求められています。あなたはどのような問題提起にして書きますか。問題提起だけを考えてください。

〈問題〉

1 高速道路
2 クラシック音楽
3 わが社の将来

〈解答例〉

1 「高速道路を無料化するべきか」
「高速道路をもっと増やすべきか」

2 「クラシック音楽をもっと盛んにするべきか」
「クラシック音楽を小・中学校の音楽の時間にもっと聞かせるべきか」
「クラシック音楽の振興に対して助成金を増やすべきか」

3 「わが社はこれから販路拡大を図るべきか」
「わが社はこれから海外進出をするべきか」
「わが社はこれから新事業に着手するべきか」

17 メモを取る——その(2)　３WHATと３W１Hを考える

小論文などの論理的文章を書く場合、物事をきちんと認識する必要があります。そのために私が勧めているのは、３WHATと３W１Hを考えることです。

よく「文章を書くときには５W１Hを考えろ」といわれます。しかし、論理的に物事を深めるには、それよりも３WHATと３W１Hのほうが有効です。これを考えることにより、どのようなことであっても、ある程度の分析ができます。もちろん、本格的に分析するには、その領域の資料を調べ様々な考えを調査する必要があります。が、頭の中を整理し、深めるためにも、このメモは有効です。

◆３WHATと３W１Hを考える

①３WHATで頭の中を整理する

３WHATというのは、「それは何か（定義）」「何が起こっているか（現象）」「何がその結果起こるか（結果）」です。主として第一、二段落で課題になっていることを整理するために考えをまとめるのです。

たとえば、「夫婦別姓」について考えをまとめるとすると、「夫婦別姓」とはどんなことなのかを考えます。場合によっては、定義を改めて考えることによって、物事の本質が見えてくることもあります。が、「わが社の展望」という題で、中国への進出の是非を書こうとする場合には、特に定義は必要ありません。

「現象」で考えるのは、書こうとしている事柄についてどんな現象が起こっているかです。「夫婦別姓」というテーマの場合は、現在どのようなことが起こっているのか、何が問題になっているかなどを考えてみます。「わが社の中国進出」でしたら、中国の政治経済状況、その準備段階にある自社の状況などを考えてみます。また、このままでいけば将来、どうなるか（結果）も考えます。

②より深い内容にするための3W1H

もっと論を深めるためには、3W1Hを考える必要があります。

3Wとは、WHY（理由、根拠）、WHEN（いつからそうなのか、それ以前はどうだったか＝歴史的状況）、WHERE（どこでそうなのか、ほかの場所ではどうなのか＝地理的状況）。

1Hとは、HOW（どうやればいいか＝対策）です。

つまり、夫婦別姓について考えるのでしたら、なぜそのようなことが問題になっているのか、それに賛成・反対のどのような根拠があるのか（WHY＝理由、背景）を考えます。ほとんどの場合、これについて考えることによって書くべき内容が見つかるはずです。

もし見つからないようでしたら、ほかの2Wと1Hも考えてみてください。いつから夫婦別姓が問題になり始めたのか、それ以前はどうだったのか（WHEN＝歴史的状況）、日本以外ではどうか（WHERE＝地理的状況）、どのようにすれば改善できるか（HOW＝対策）を考えます。

中国進出について考えるのでしたら、もっともしっかりと考えるべきなのは、WHY（理由、背景）として、なぜその必要があるのか、その賛成と反対の根拠は何かです。そして、それで論点がはっきりしなかったら、いつから中国進出がいわれだしたのか、いつから中国が問題になるようになったのか、それ以前はどうだったのか（歴史的経過）、ほかの会社、ほかの業界ではどうか（地理的状況）、中国進出をプラスにするにはどうするか（対策）を考えるわけです。

このように項目をたてて考えることによって、考えやすくなります。

メモの例

【夫婦別姓について】

◎定義――夫婦が別の姓を名乗ること。

◎現象――現在の民法では、夫婦は夫または妻の姓を名乗ることが定められている。
現実には、妻が夫の姓を名乗ることが多い。
しばしば、この問題が国会でも取り上げられる。

◎結果――もし夫婦別姓が増えると、夫婦と子どもの姓が違うことも起こる。

◎理由・根拠――

○「夫婦別姓を法制化するべきだ」という根拠

・改姓すると、社会生活上の不利益を被る。仕事を持っている女性の場合には、改姓したことによって結婚前の業績が中断されるので、女性に対する差別になる。

・夫婦が同じ姓を名乗るのは家中心の古い考え方である。女性が子どものころから親しんで自分のアイデンティティとしている姓を守ってこそ、男女平等、個人尊重を守ることになる。

・家族というのは、個人と個人の愛情による自由な結びつきである。それを強制的に同じ名前にして束縛するべきではない。

○「夫婦別姓は好ましくない」という根拠

・同じ姓を名乗るということで家族のアイデンティティが成り立っている。それを崩すと、家族の絆が弱まる。

・女性が自分のアイデンティティを感じている旧姓も、父親の姓にほかならない。夫婦別姓にしたら、そういうアイデンティティも感じられなくなってしまう。

◎歴史性——明治以前、庶民は姓を持たなかった。だから夫婦別姓は問題にならなかった。

◎地理性——中国、韓国など多くの国で別姓である。西洋のほとんどは夫婦は同姓が原則だが、最近、別姓を認める傾向が強まっている。

◎対策——子どもが自分の姓を選ぶときの指針を示す必要がある。

18

メモを取る――その(3)　構成の仕方

　さて、そのようなメモが終わったら、今度はそれを構成します。

　前にも述べたように、小論文には型があります。いつもその型に当てはめて書くのが、上手な小論文の書き方です。特に昇進試験などでは、時間内に書かなければいけません。型を身につけていると、そのようなときに、とりわけ効果を発揮します。「今度はどんな型で書こうか」などと考えずに、いつもの通りに書けばよいのです。

　それぞれの段落で書くことを箇条書きにしてまとめておくと、途中から支離滅裂になるのを防ぐことができます。どの段落で何を書くか、できるだけ細かく書いておいて、実際に書くときには、それに肉づけしながら、あまり外れたことは書かないように気をつけるとよいでしょう。

　短い文章の型をすでに説明しましたが、長めの文章でも型を上手に利用することが、文章上達のコツです。ただし、これまでに説明したA型やB型ではなく、別の型を用います。四部構成によるこの型を「C型」と呼びましょう。

　実際の文章には様々なものがありますが、すべて、これから説明するC型を応用することによって書くことができます。まずは、以下の型をしっかりと身につけてください。

なお、字数が一〇〇〇字以内であれば、ひとつの部分をひとつの段落で書いて、段落は四つにするのが適当でしょう。段落が多すぎたり、少なすぎたりすると、読みにくくなってしまいます。

[C型]の構成

第一部……問題提起

設問の問題点を整理して、これから述べようとする内容に主題を導いていく部分。全体の一〇%程度が目安です。

第二部……意見提示

イエス・ノーのどちらの立場を取るかをはっきりさせて、事柄の状況を正しく把握します。

全体の三〇%前後が目安です。

「確かに……。しかし……」という書き出しで始めると書きやすいでしょう。「確かに、この問題についてはイエスの面もある。たとえば、こんなことがある。しかし、私は、それには反対だ」というパターンにします。そうすることで、視野の広さをアピールすると同時に、字数稼ぎができるのです。

第三部……展開

第二部で書いたことを掘り下げて、イエス・ノーの根拠、それを改善するための対策、歴史的経緯などを書きます。この部分が小論文のもっとも大事なところですので、ふつう全体の四〇～五〇%ほどを占めます。

第四部……結論

もう一度全体を整理し、イエスかノーかをはっきり述べる部分です。努力目標や余韻を持たせるような締めの文などは必要ありません。イエスかノーか、もう一度、的確にまとめればよいのです。

この型はいわば論理の手順です。この通りに書けば、必ず論理的になります。常にこの型で書く練習をしてみるとよいでしょう。もちろん、ある程度書き慣れたら、後はこの型を崩して自分なりに書くのもよいでしょう。しかし、はじめのうちは、型通りに書いてみることを勧めます。

なお、構成のコツとして、第三部に書く「根拠」をはじめに決めることをお勧めします。第三部が小論文の説得力を決定するもっとも重要な部分です。メモを取ったものの中で、もっとも説得力のある内容を第三部に置いて全体を構成すると、うまくいきます。

型通りに書かれた文章を例として示します。

例

夫婦別姓が議論されるようになって久しい。現在は、法的には夫婦が姓を持つことが認められていないが、これから認めるようにするべきなのだろうか。

確かに、夫婦別姓になれば、家族の一体感が希薄になり、家族の崩壊を招くかもしれない。家族が同じ姓を名乗っているからこそ、家族の絆が保たれ、家族のアイデンティティが実感できるという側面もある。だが、家族で姓を別にすることが、家族の絆を断ち切ることを意味しない。目を世界に転じてみれば、民族によって姓の扱いは様々だ。姓に無関心な民族もいる。夫婦・家族が別の姓でも問題なく暮らしている民族もたくさんいる。このことは姓と家族の絆が何の因果関係もないことを示しているといえる。

夫婦別姓が論議される背景には、女性の社会進出が進んだこともあるが、それよりも、民主主義や個人主義が浸透したために、社会の意識が変わってきたことが大きい。つまり、夫婦が同じ姓を名乗るというのはかつての家中心の考え方を引きずったものであり、一方が、とりわけ女性の側が改姓を強いられるというのは、男女平等や個人の尊厳を無視した制度と考えられるようになったからだ。なるほど、いまなお、女性は夫の家の所属として扱われている。女性は家にいて夫に尽くし、夫の両親を介護し、死ぬと夫の家族の墓に入る。現在の制度の下では、女性が結婚するというのは、それまでの個人としての自分を捨て、夫に所属する存在となることだ。そうしたことを強いるのが、夫婦同姓という制度なのだ。民主主義がすべての人間の権利を同等とみなすからには、姓という、個人のアイデンティティの本質的な部分を女性から取り上げるべきではあるまい。

夫婦別姓を実現するには、むろん子どもの姓をどうするかなど検討すべき課題があるが、女性差別をなくすためにも、夫婦で姓を選択できるようにすべきであろう。

19 第一部（問題提起）の書き方

冒頭の文が思いつかないために、なかなか文章が書けないという人がいます。

しかし、論理的な文章を書く場合、作文やエッセイと異なって、書き出しに凝る必要はまったくありません。型通りに書き始めればよいのです。よい小論文というのは、文体の良し悪しなどではなく、内容に説得力があるかどうかです。書き出しが上手でも下手でも、説得力に違いはありません。

ですが、それでもどう書けばよいのか迷う人も多いようですので、いくつかの書き出しのパターンを挙げてみましょう。これらのうちの一つか二つを得意な書き出しとしておくとよいでしょう。

◆書き出しのパターン

①疑問文で始める

文字通り、問題提起をほとんどそのまま、出だしの文にします。ただし、それだけでは、そっけなさすぎますので、少し状況説明を加えます。

例

近年、夫婦別姓を認めるべきかが議論されているが、夫婦別姓を認めるべきだろうか。

②客観的事実で始める

「最近、よく……といわれる」「先日、新聞で読んだのだが、……」というように、報道や人の話などの客観的な事実で始める方法です。ありふれていますが、これで十分です。

例

しばらく前から夫婦別姓が議論されている。現在は、夫婦は同姓が義務付けられているが、社会で活躍する女性が増えるにしたがって、同姓であることに不便を感じる女性が増えてきたのが原因である。では、このように夫婦別姓を認めるべきだろうか。

③定義・分類で始める

「……とは、～である」「……には三種類ある」などの文で始める方法です。設問に定義のはっきりしない言葉が含まれている場合には、特に有効です。ただし、定義をしても意味のない場合、みんながわかっているような場合には、このパターンは使えません。

例

> 夫婦別姓とは、言うまでもなく夫婦が別の姓を名乗ることである。現在は民法によって夫婦は同姓が義務付けられているが、これからは夫婦別姓を認めるべきだろうか。

④個人的体験で始める

自分や知り合いの体験で始める方法ですので、個性的な書き出しにはなります。しかし、小論文とは、体験ではなく、主張を語る場ですので、体験談は主張の例や導入にとどめるように気をつけなくてはいけません。

例

私の友人は文学研究者として何冊かの著書を持ち、名前の知られる存在だった。結婚して姓が変わったが、それまでのキャリアを生かすべく、通称として旧姓を使っている。ところが、本名と通称が異なることによって、日常生活で困ることが多いというのである。では、法を改正して夫婦別姓を認めるべきだろうか。

⑤ほのめかす

真正面からイエス・ノーの問題提起をしなくても、ほのめかすだけでも十分に問題提起になります。プロの書く文章は、この形になっていることが多いでしょう。ただし、メモの段階ではっきりとイエス・ノーの問題提起をしておかないと、途中から論点がぼやけてくる恐れがあります。

例

夫婦別姓がしばしば議論されている。言うまでもなく、現在は民法によって夫婦は同姓が義務付けられている。そのために苦しめられている人も多いのである。

⑥結論で始める

はじめに結論を言う方法です。結論を言うことによって問題提起の代わりをしていますから、第二段落以降は、いつも通りの書き方でかまいません。この方法は書きやすそうに思えますが、実はそれほどやさしくはありません。結論を先に言ってしまうので、引き延ばしできなくなって書くことがなくなることがありますので、慣れてから使うべきでしょう。

例

> 夫婦別姓が議論されているが、私は夫婦別姓に反対である。

20 第二部（意見提示）の書き方

第二部「意見提示」の部分には、イエスとノーのどちらの立場を取るかの方向を定めます。この部分は、前に説明した通り、「確かに……。しかし……」というパターンにすると書きやすくなります。

たとえば、「タレント政治家」について論じるとき、「タレント政治家は好ましくない」と言いたければ、「確かに、タレント政治にはよい面がある」と書き出します。そして、「しかし」で切り返して自分の意見を示します。

このようにするのには、三つの理由があります。

第一に、「確かに」として、自分の意見とは別の意見に配慮するのですから、一方的な論にならないで、客観的な論になります。視野の広さを読んでいる人にアピールできるのです。第二に、反対意見を踏まえた上で考えるのですから、必然的に論が深まります。反対意見の人を説得するように書くわけです。第三に、これは字数稼ぎになります。昇進試験などで字数制限がある場合も、そうでない場合も、ある程度の字数が必要です。「確かに」とすることによって、反対意見も含めて書くことができます。

しかし、いくつか気をつけるべきことがあります。

◆「確かに……。しかし……」を書くときの注意点

①問題提起と「確かに」の後、「しかし」の後をきちんとかみ合わせる

「Aだろうか」という問題提起をしたら、「確かにAの面もある。しかし、私は反Aと考える」あるいは「確かに反Aの面もある。しかし、私はAと考える」というように書く必要があります。途中で別のことを書き出したりしては、論がずれてしまいます。

②「確かに」の後はきちんと説明する

「確かに」の後に反対意見を書きますが、そこが短すぎると、説得力がなくなると同時に、第三部で長く書かなくてはいけなくなり、字数稼ぎができません。ですから、ここでしっかりと反対意見を踏まえておきます。だからといって長く書きすぎると、そこに力点がかかりすぎ、どちらが主張なのか曖昧になってしまいますので、注意が必要です。

③「確かに……。しかし……。しかし……」としない

書いているうちに、反対意見のほうをもっともだと思い始めて、「確かに……。しかし……。しかし……」というように、二度「しかし」を使ってしまうことがあります。そうなると、読んでいる人は、その文章がどちらの立場に立っているのかわからなくなってしまいます。

以上の点に気をつけて、第二段落を書くとよいでしょう。

以下、型通りに書かれた小論文の例を示します。第二段落の書き方に注意して読んでみてください。

例

死刑制度について議論がなされている。先進国のほとんどでは、死刑制度が廃止されているといわれる。では、日本でも死刑を廃止するべきなのだろうか。

確かに殺人事件の被害者の家族や友人にとっては犯人は許し難く、その罪は死にあたいすると思うことだろう。大切な人を殺された怒りや悲痛など、その心情は察するに余りある。しかも、死刑判決を受けるのは加害者であり、そこには被害者がかならず存在する。

加害者の人権ばかりを尊重して、被害者の人権を考慮しないのでは、不十分だ。苦しんでいる被害者がいるのなら、その救済を第一に考えねばならない。だが、法は人を裁くためのものではない。たとえ、どれほど社会の害になる人間であれ、人権を無視することはできない。感情論を退け、理性によってすべての人の権利を認めるというのが法の精神だと思うからだ。

法とは国民の総意に基づいて、すべての人間の権利を保障する体系だと私は考える。権利と権利のあいだで衝突が起こったときには何らかの手段で調停を図るにせよ、権利を無視することは許さない。たとえ少数者であろうと、たった一人であろうと、そして、その一人の権利がほかの国民の大多数の権利と矛盾するものであろうと、無視し、踏みにじることは許されない。より多数の人間の幸福のために少数の人間が犠牲になるのは、ある程度仕方がないが、少数者の権利に制限を加えることはあっても、踏みにじることは許されない。それが法なのだ。そうであるからには、法によって人間の命を奪うことは許されないと私は考える。死刑制度は、法という、そして国家という、人間の幸福と人間の権利の体系による殺人だと思うのである。

以上の理由により、私は死刑制度存続には反対である。

21 第三部（展開）と第四部（結論）の書き方

◆第三部（展開）の書き方

第二部「意見提示」では、「問題提起」で示したテーマについて、イエスかノーかを明確にしたわけですが、その根拠を書くのが、次の第三部「展開」部の役割です。

この部分が小論文のもっとも大事な部分です。ここに説得力があれば、優れた小論文になります。

ここで注意してほしいのは、表面的な判断ではなく、できるだけ深い分析に基づいて判断するべきだということです。たとえば、「タレント政治家」について書くにしても、単に「タレントでも政治に詳しい人がいるのだから、タレント政治家でもかまわない」「アンケートによれば許容している人が多い」などと書くのでなく、それが社会にどのような影響をもたらすのか、民主主義の原則に基づいているのかどうかといったことも考える必要があります。

「わが社の中国進出」について書くにしても、「ほかの会社においていかれるべきではない」

などということで済ますのでなく、そのプラス面、マイナス面を、これからの日中関係や中国の政治状況などと絡めて考える必要があります。

小論文に説得力があるかどうかは、分析の確かさ、自説の根拠にどのような裏付けがあるかによります。

なお、説得力のある根拠の示し方については、この後、いくつかの項目を設けて詳しく説明します。

第四部（結論）の書き方

第四部「結論」は、締めくくりの部分です。

この部分は、第一段落の問題提起にきちんと答える形にするのが原則です。「タレント政治家は好ましいのだろうか」という問題提起にしたのでしたら、きちんと「好ましい」あるいは「好ましくない」と答えてください。そして、その前に書いてきたその理由をもう一度簡単にまとめます。

時に、余計なことを書いてしまう人がいます。「タレント政治家については、以上の通りであるが、しかし、それを選ぶわたしたち有権者の責任はどうなるのだろう」などと書いてしまうと、「有権者の責任」という新たな問題が生じて、これまでせっかく論じてきたことが無意味になってしまいます。これまで論じてきたことを台無しにするようなことを不用意に付け加えるべきではありません。

練習問題

次のような課題について、あなたの意見を四〇〇字程度でまとめてください。

〈問題〉

愛国心を持つべきでしょうか。

〈解答例〉

愛国心を持つことについて、しばしば議論される。その是非について考えたい。

確かに、愛国心は排斥に結びつくことがある。自分の国や民族を愛するあまり、外国を排斥しようとする。それは大変危険なことなので、そうならないように十分に気をつける必要がある。しかし、ある程度の愛国心を持つことはむしろ好ましいことである。

自分を育てた家族、自分の生まれた故郷、そして、国土を愛する心があるからこそ、自分たちの社会をよくしようという連帯感を持つ。国を愛さないということは、自分たちの社会をよくしようとしないことである。民主主義社会においては、国家の形態は国民が選んだものである。そのような国家を愛するということは、自分たち自身を愛することにほかならない。そうした感情を否定するべきではない。

以上述べた通り、愛国心を持つことは好ましいことだと、私は考える。

22 文章について論じる場合に気をつけること

これまで、何らかのテーマについて論じる場合の小論文の書き方について説明してきました。が、実社会で自分から最初に意見を語ることは少ないでしょう。ほとんどの場合、誰かの意見を読んだり聞いたりして、それについて論じることが大半だと思われます。昇進・昇格試験などでも、資料などを読んで、それについて論じることが多いでしょう。そこで、ここでは、文章や資料があって、それについて論じる場合について説明します。

文章について論じる場合、注意するべきことは、以下の通りです。

◆文章や資料について論じるときの注意点

①文章の主張を無視して書いてはいけない

文章が与えられて、それについて論じる場合、言うまでもないことですが、それを無視して書いてはいけません。あくまでも、文章が語っていること、しかも、中心的に語っていることについて論じるのが基本です。その文章が少しだけ触れていることや例として示しているだけのことについて書いても、論じたことにはなりません。部分的に反対の場合には、第二部で「確かに全体的には賛成だ。しかし、例として示されたことに反対だ」というような論の展開にするとよいでしょう。

②イエス・ノーで答えるのが原則

文章がもっとも強く主張していることや指摘していることを捉えて、それが正しいか、その指摘されていることは好ましいことなのかを論じるのが原則です。ですから、はじめに文章の要旨をまとめた上で、「この文章の主張は正しいか」「この文章が指摘していることは好ましいか」といった問題提起をするのが原則です。

③とりあえず反対してみる

文章について論じる場合、同じことを繰り返すだけでは論じることになりません。そうしないために、まず反論を思い浮かべることが大事です。反論を思いつかないと、何を書いてよいかわからずに、文章を繰り返してしまうのです。反論の根拠を考えてみて、それに説得力があれば、真正面から反論するとよいでしょう。もし、説得力がなくて、文章に賛成する方向を選ぶときには、第二部「意見提示」の「確かに」の後に反論の根拠を示しながら、反論に反論

（つまり、文章に賛成）していくように考えます。

後は、一般の小論文と同じように、メモを取って論を深めていきます。

④第一段落で文章をまとめてから論じ始める

実際に文章について論じる小論文を書く場合、第一段落に、その文章の主張をまとめるのが原則です。「この文章はこのように語っている」と示した後で問題提起をします。そうすることで、その文章を的確に読み取った上で論じようとしていることを示すのです。

23 文章をきちんと読み取る

文章について論じる場合、最初に注意すべきことは、その文章を正確に読み取ることです。読み取ることができないまま論じても、的外れなことを語るだけになってしまい、まったく説得力を持ちません。

例題を示しながら、正確に読み取るための心がけを解説します。

例題

次の文章を読みそのテーマを踏まえた上で、あなたの意見を一五〇〇字程度でまとめなさい。

自分探しが流行しているようだ。「自分探しの旅に出る」「自分探しのために、しばらく仕事をしないで、自分を見つめる」などと、かなり多くの若者が口にしている。だが、私はこれは愚かなことだと思う。もし、自分などという物が、どこかに転がっているのであれば、それを探して見つけることができる。だが、言うまでもなく、「自分」はすでに出来上がったものとして存在しているわけではない。

自分というものは、日々、自分で作り上げていくものだ。毎日の勉強や仕事によって自然に、自分ができていく。人と交流する。仕事をして利益をもたらす。客に喜んでもらう。新しい企画を通す。そのような行為を通して、自分ができていく。

だから、自分を探すなど、愚かこの上ないことだ。自分探しをするのではなく、仕事や恋愛や趣味などに飛び込んで、毎日悩んだり考えたりしながら、行動していくことが、自分を作ることだ。

そうすることによって、自分がしっかりしてくる。他者と交流し、影響を与え合い、互いの価値観をぶつけ合って、自分の価値観もしっかりしてくる。しかも、他者と交流すると、自分が他者にどのように思われているかもわかってくる。それを通して、自分がどんな人間なのかもわかってくる。

そのようなことをしないで、どこかにあるはずの自分を探していたのでは、ますます自分は遠ざかる。いつまでたっても、自分など見つかるはずがない。

〔正確に読み取るための心がけ〕

●キーワードを探し、その意味を明確にする

正確に読み取るには、まずキーワードを探して、その文章が何を問題にしているのか、何に

ついて語っているのかをはっきりさせなくてはいけません。ほとんどの場合、もっとも多く文中に出てくるのが、キーワードです。

ところで、時にキーワードに特殊な意味が含まれていることがあります。その場合には、その意味をきちんと捉える必要があります。この例題の文章のキーワードは、「自分探し」です。意味は特に考える必要はないでしょう。

●何に反対しているかを考える

次に、その文章が何に反対しているかを考える必要があります。ほとんどの文章は、「こうするべきだ」と語っているだけではありません。「××と言う人がいるが、それは間違いだ。○○するべきだ」、「あの人は、××と言っているが、私はそうは思わない。○○なのだ」などと語っています。時々、「この文章は何が言いたいのだろうか」と迷う文章に出合うことがあるかもしれません。そのような文章は、何に反対しているのかが曖昧な文章であることが多いはずです。何が主張なのかわかりにくいと思ったら、その文章が何に反対しているのかをしっかりと考えてみると、明確になるでしょう。この例題の文章は、「自分探し」そのものに反対しています。

●その上で、その文章の「言いたいこと」を考える

その上で、文章の一番言いたいことをはっきりさせます。ほとんどの場合、その文章が何に反対しているかを考えれば、その文章のもっとも言いたいことはわかるはずです。

例題の文章は、「自分というものは、作るものであって、探すものではない」とまとめられるでしょう。

●どんな問題提起にするかを考える

読み取れたら、次に問題提起を考えます。ほとんどの場合、課題文の言いたいことが正しいかどうか、好ましいかどうかを考えれば、問題提起になります。

もちろん、文章について論じるとき、いくつかの解釈が考えられますし、ひとつだけの読み取りが正しいとは限りません。また、いくつもの問題提起が可能です。が、以上のように考えると、もっとも正確に文章を読み取って、真正面から論じることができます。

例題の課題文は「自分というものは、作るものであって、探すものではない」と語っているわけですから、「自分は作るものであって、探すものではないという考え方は正しいか」を考えるのが正攻法です。

解答例

この文章は「自分探しは愚かだ。自分というのは、仕事や他者との交流で、自分で作っていくものだ」と語っている。それは正しい考えだろうか。

確かに、旅行などで新しい自分に出会うことはある。人間は日常生活の中では、自分の中のほんの一部しか発揮していない。人間は多様な面を持つ。もっと別の面を持っている。日常から離れて、旅行に行ったり、別の行動をしたりすると、そこで、日常とは異なる自分を発見することがある。だが、私は、そのようにして見つけた自分が永続することはほとんどないと考える。

自分を築くのにもっとも大事なのは、他者との交流だ。他者と交流することによって、だんだんと自分がどんな人間なのか、わかってくる。たとえば、他者と交流すると、他者に判断されることになる。この人はこんな人だとみなされる。それに反発したり、納得したりする。そうして、だんだんと自分で自分がわかってくる。自分は周囲からこのように見えているのだ、と納得する。他人と競争をすることもある。それに負けたり勝ったりする。そうすることで、自分の個性を知っていく。自分がほかの人よりも苦手なこと、得意なことを認めるようになる。能力も客観的に捉えられるようになる。自分が集団の中でどのくらいの能力を持っているか、集団の中でどんな役割を果たすことができるかがわかってくる。

以上述べた通り、私は、自分探しを愚かなことだと考える。自分とは、自分と他者とで作り上げるものなのである。

練習問題

次の文章を読んで、①キーワードとその意味、②何に反対しているのか、③主張を明確にしてください。

＜問題＞

現代は、闇が少なくなっている。都市は二四時間活動を続け、未知のものは科学によって解明され、将来の予測もコンピュータで可能になる明るい世界が到来する。すべてが明るくなっている。それに、すべてが明るみに出されている。

一般的には、明るいことはいいことだ。人類が飛躍的な進歩を遂げたのは、火を用い、電気を用いて世界を明るくし、人間の活動時間を長くし、人間の力で世界をコントロールするスベを覚えたからにほかならない。だが、闇を遠ざけたことによって人間が失ったもののほうが大きいのではないか。

人類の歴史は、「一寸先は闇」の世界を遠ざけ、「明るく楽しい、未来がすべてわかる世界」を築いてきた歴史だといって間違いないだろう。文明は、人間から闇を遠ざけてきた。闇は、自然や未知のもの、人間が畏怖する対象の象徴である。いまさら後戻りできないのが文明だ。闇はこれからもどんどんなくなっていくだろう。同時に人間は畏怖の対象を失い、すべてが計画され、すべてがわかりきった、影のない世界に生かされることになる。つまりは、「一寸先は闇」という状況をなくし、すべてを自明のことにしていく。こうして、自然の畏怖を感じなくなり、偶然の恐ろしさを忘れ、人生から起伏がなくなっていくのだ。

〈解答例〉

①「闇」＝自然や未知のもの、人間が畏怖する対象の象徴。
② 闇がなくなったという事実。明るいのはよいことだという常識。
③「闇がなくなることによって、人間は畏怖の対象をなくし、すべてがわかりきった世界に生きるようになった」

24 レポートの書き方〜現状報告・分析・意見を述べる

これまで小論文の書き方を説明してきました。

言うまでもありませんが、実社会で小論文を書くことはあまり多くはないでしょう。小論文というのは、試験などに課されるものであって、業務の中で書くものではありません。会社では、レポートや業務日誌、企画書などを書くことが多いと思います。

したがって、ここでは、その代表としてレポートの書き方について説明します。

レポートを日本語に訳すと、「報告」ということになります。が、現在の日本の学校や企業で「レポート」と呼ばれるのは、単に現状についての報告ではなく、それに意見を加えることが多いようです。つまり、レポートというのは、現状を報告し、その上でそれについての分析や意見を加えて報告するものです。つまり、字数の長い小論文と考えてよいのです。

小論文の場合、字数が少ないので、たくさんのことは書けません。いくつか根拠があってもひとつにしぼって説明するしかありません。ところが、レポートや企画書の場合、字数制限のないことがほとんどですので、複数の根拠を示すことができます。

小論文は四段落で書くように説明しましたが、レポートなどでは、それぞれの部分を、全体の字数に応じて、複数の段落で書くとよいでしょう。あるいは、小論文ではそれぞれひとつの段落で書いたものを、節として書いてもよいでしょう。

もちろん、レポートの書き方にも様々な場合がありますが、標準的な書き方を示しておきます。

◆レポートの構成

第一部……問題提起

現状を示す。小論文の場合には、ここには字数はあまり費やしませんでしたが、レポートの場合、現状を詳しく説明します。その上で、「このような状況は好ましいことか」「このような状況を改善できるか」「このようになっている原因は……か」というような問題提起をします。

第二部……意見提示

イエス・ノーのどちらの立場を取るかを明確にし、事柄の状況を正しく把握します。小論文の場合には、ここは、「確かに……。しかし……」というパターンで書くように説明しました。ここでもそれを応用します。ただし、レポートの場合には、このパターンを繰り返し使って、いくつもの問題点を示した上で、それを切り返すという方法が考えられます。

第三部……**展開**

第二部で書いたことを掘り下げて、イエス・ノーの根拠、それを改善するための対策、歴史的経緯などを書きます。小論文の場合には、根拠は一つか二つに絞るほうが説得力があるのですが、レポートの場合には、いくつかの根拠を示します。また、対策などの根拠以外のことも示すことができます。

第四部……**結論**

もう一度全体を整理し、イエスかノーかをはっきりさせます。最後にもう一度、全体をまとめるのでもかまいません。

ただし、レポートの場合、以下の点で小論文と異なりますので、注意してください。

〔レポートと小論文の書き方の違い〕

①箇条書きを加える

小論文の場合には「文章」としてまとめますが、レポートの場合、字数が多くなりますので、整理して書く必要があります。たとえば、「問題点は三点ある。①……、②……、③……」といったように、箇条書きを用いると理解しやすくなります。

②資料を添付する

レポートの場合には、グラフや表、写真、イラストなど、様々な資料を加える場合があります。本文の中に、「資料1からわかる通り……」「写真3に見られるように……」などと書いて、資料を添付する形をとると、わかりやすいですし、また、本文に書いた事実が正しいことを裏付ける資料なども、本文に書くのでなく、別紙にまとめて、資料として加えるのが望ましいでしょう。

25 鋭いアイデアを得るには仮説を立てる

昇進試験などで小論文を書く場合には、与えられたテーマについて書けばよいのですが、実社会でレポートなどを書く場合、自分で題材を探す必要があります。ところが、なかなか題材が見つからないことがあります。

そのような場合、もっとも大事なのは仮説を立てることです。「もしかしたら、その理由はこういうことではないだろうか」「その結果、こんなことが起こるのではないか」などと考えてみるわけです。そうすることによって、よいアイデアが生まれることがあります。

その仮説がありきたりであれば、鋭い文章にはなりません。しかし、それが、ほかの人が考えてもみないような考えであり、なおかつ、それが正しいという裏付けがあれば、それは素晴らしい文章になります。

うまい仮説を立てるためには、以下のようなコツがあります。

◆うまい仮説を立てるコツ

①とりあえず反対してみる

みんなが思っていることに反対してみます。多くの人が自明のことと思っていることを敢えて「そうではないのでは?」と考えてみるのです。たとえば、一般的に「中国はこれから経済的に伸びてくるので、日本にとって脅威だ」といわれています。それに反対して、「中国の経済は伸びない」「中国の経済が伸びるのは日本にとって好ましい」などと考えて、その根拠が成り立つかどうか考えてみます。あるいは、「わが社の将来」について何かを提言する必要がある場合も、誰もが考えていることに反対してみるのです。そこで、誰も考えていない新しい発想が生まれることがあります。

②ほかの分野のことがいえないか

もう少し簡単な仮説を思いつくためのコツは、ほかの分野でいわれていることが、その分野にも当てはまるかどうかを考えてみることです。「一八世紀に……という状況になった」という歴史的な出来事を知ったら、「それは今に当てはまらないか」と考えてみます。「インドでこのようなことが起こった」という情報が入ったら、「それは中国にも当てはまらないか」「わが社にも当てはまらないか」と考えます。別の業界、別の地域、別の分野の出来事と対比してみるのです。

もしかするとそのまま当てはまるかもしれません。あるいは当てはまらない理由が見えてくるかもしれません。いずれにせよ、そのような問題を設定してみることによって、問題点が見えてくることがあります。

③意外なものと結び付けてみる

鋭い考えをもたらす方法として、意外なものと結び付けてみる方法があります。たとえば、「中国」の状況を考えているときに、たまたま出合った別の言葉、たとえば「クラシック音楽」と結び付けてみます。そうすると、「中国では西洋のクラシック音楽はどうなっているか。西洋文化はどのように捉えられているか」といった問題を思いつき、それが何らかの新しいアイデアに結び付くかもしれません。

仮説を思いついたら、次に行うことは、情報収集です。インターネット、本、雑誌、新聞などから情報を仕入れます。

もちろん、すべての資料を丁寧に読み取るのが原則ですが、詳しく読みすぎると、むしろ頭が混乱してきて、何を書けばよいのかわからなくなるでしょう。仮説を作ったら、それが検証できるかどうかを中心に考えます。

情報を飛ばし読みしながら、自分の仮説に都合のよいところを探すと、短時間でうまく情報を処理できます。自分の考えの根拠になりそうなところ、データとして示せそうなところを探します。

自分の説に都合の悪い要素が出てきたからといって、すぐに自分の説を諦めるべきではありません。世の中には様々な考えがあり、様々な状況がありますので、矛盾したデータが出てくることは珍しくありません。もしかすると、何かの事情があって、予想と異なる結果になっているのかもしれません。そうしたことも考えます。

とはいえ、不都合なデータを無視してはいけません。それが多いとすると、仮説は間違いということになります。が、そのようにしてデータを見ていると、別の仮説を思いつくことがあります。それを重ねることによって、仮説に裏付けができるのです。

26 説得力ある根拠の示し方

何かを主張したいとき、必ず根拠を示す必要があります。根拠に説得力があってこそ、その文章は優れたものになります。

日常会話では、「あの人はこうやってうまくいったんだって！」というような一つか二つの事例を示すだけで納得することがあります。しかし、いくつかの具体例を挙げただけでは、根拠として不十分です。たとえば、「中国に工場を進出するべきだ」という根拠として、いくつかの成功例を示しても、何ら有効な根拠にはなりません。同じほど失敗例があるかもしれないからです。

以下に説得力のある根拠の示し方を列挙します。もちろん、複数の方法を用いて説得するのがもっともよい方法です。そして、資料を集め、しっかりとした根拠を示してこそ、説得力のある文章になります。

◆説得力ある根拠とは、どのようなもの？

①客観的なデータ

何かを主張するとき、もっとも説得力のある根拠は客観的なデータです。「最近、若者の自殺が増えた」と言いたければ、自殺者数や自殺率の増加を示すデータがなければなりません。同業種の企業が中国進出を果たして成功している例が多いとすれば、その数も示す必要があります。

②複数データによる推察

客観的なデータがあればもっともよいのですが、必ずしも必要なデータがすべて手に入るわけではありません。その場合、いくつかのデータを組み合わせ、それに推測を加えて結論付ける必要があります。たとえば、「中国に工場を作るべきだ」という主張をするには、中国進出に成功している企業と失敗している企業の数、それぞれの成功原因と失敗原因、同業種の成功原因と失敗原因、成功した企業と自社の共通点……などについてのデータが必要です。

どのようなデータがあれば主張を裏付けられるかについては、一般化して説明することはできません。それぞれの場合に応じて、多方面から考える必要があります。

③メカニズムの説明

データが入手できないとき、自分の主張を詳しく説明する方法もあります。「中国のある地域に進出するべきだ」と主張する場合、その地域がもっとも適していることを主張するのに、その地域の特性が適当で、受け入れ態勢が整っていることを説明します。このように、どうしてそれが好ましいのか、好ましくないのかという必然性を丁寧に状況説明することで、説得力が生まれます。

④証言や目撃例

証言や目撃例や個人の体験も説得力を持つことがあります。ただし、ひとつの証言を取り上げただけでは、反対の例もあるかもしれませんので、あまり説得力がありません。また、同じような立場の人だけに証言を求めたのでも説得力がありません。客観的に判断するためには、偏りのない様々な立場の人の証言が必要です。

とはいえ、時には、ひとつだけの例によって説得力を持つことがあります。たとえば、「絶対に壊れない」という触れ込みの製品が壊れたという例を示すだけで、思い込みを否定する力を持ちます。ただし、その場合には、その証言が真実を語るものであることを保証する必要があります。

⑤理想に近い

何らかの主張をする場合、それが理想としている姿に近いことを説明する方法があります。「中国に進出するべきだ」と主張する場合も、それが自社の理想とするあり方だということを示します。また、「タレント政治家は好ましくない」と主張する場合、そのような状態が民主主義社会における政治として理想からはなれることを説明します。

このように、理想に近いか遠いか、近づくか遠ざかるかによって、その是非を判断する方法があります。

⑥マイナス要因をできるだけたくさん挙げて、打ち消す

もっとも説得力があるのは、マイナス要因を考えられる限り示して、それが誤りであること、それをプラスにできることを説明する方法です。たとえば、「中国に進出するべきだ」と主張したいとき、「進出すると危険だ」という要素を示します。そして、「その失敗例は、わが社にはあてはまらない」「現在は状況が異なる」「それを改善するには、このようにすればよい」というように説明します。そうすることで、説得力が増します。

⑦他人の意見を援用する

他人の意見を裏付けとして用いることもできます。評論家や学者の意見、自社の社長の意見などを示して、「私は、こう考える。なぜなら、識者の言う通り、……だからだ」というパターンで書きます。識者の考えに説得力があれば、そこに説得力が出ます。

27 〝裏ワザ〟を使った説得法

これまで正攻法の説得術を説明してきました。が、それが通用しないこともあります。社会で生き抜いていくには、時には「裏ワザ」を使っても、相手を説得せざるを得ないことがあります。こうした場面では、裏ワザを上手に利用するとよいでしょう。

裏ワザには、次のようなものがあります。

◆裏ワザの説得法のいろいろ

①大義名分を用いる

誰も反論できないような大義名分を用いると、説得力が高まります。「わが社の理念は、先代から……である。それゆえ、このような場合には、ほかの方法はない」というような論を立てます。教育産業などの場合は、「子どもの生活を守るために、こうするべきである」というように論じるわけです。

②言質を取る

人間というもの、できるだけ自分の方針を一貫させたいと思っています。ですから、もっとも有効なのは、課長を説得したい場合、その課長本人がかつて語った言葉を使って、「課長がかつて言われていた通り、……にするべきである」などと説得する方法です。かつての言葉をゆがめて援用していたらむしろ逆効果ですが、そうでなければ、自分の過去の言葉を否定するのは難しいことが多いので、かなり有効です。

③脅しのテクニック

レポートを書くとき、それを判断するのが誰なのか前もってわかっているときには、それとなく脅しを加えることもできます。企画に失敗の恐れがあることを十分に示した後で、「もし、失敗すると、わがチーム、とりわけそのトップであるリーダーの責任になるかもしれません」などと付け加えると、かなり強い脅しになります。

④泣き落とし

論理的な文章ではあまり「泣き落とし」は使いませんが、状況によっては有効です。「この仕事に私たちのチームの存続を賭けているので、チーム全員が全力で徹夜の努力をしてきた」

などと書くことによって、涙ぐましい努力を示すことができます。情に厚い上司の場合にはかなり有効です。

⑤権威の利用

権威を利用するのも、うまい方法のひとつです。会社などの場合、目上の人の言うことにはなかなか逆らえません。ですから、それを逆手にとって、目上の人の言葉などを根拠に使います。前節の「他人の意見を援用する」などでも説明した通り、権威ある人の意見を用いて自説を補強することができます。その際に、目上の人を引き合いに出して「部長が語っている通り……」というような文章を織り交ぜます。その部長が、課長との関係がしっくりいっていないような場合には逆効果になることがありますが、そうでなければ、有効です。

⑥プライドをくすぐる

レポートを判断する人が誰かわかっているとき、その人が喜ぶことを書きます。たとえば、課長がレポートを読むとわかっている場合、「ここまで東南アジアでのわが社の市場を拡大した課長の功績を継ぐためにも」などといった言葉を加えます。ただし、直接的に書くといかにもおべっかになってしまいますので、あまり白々しくないように工夫する必要があります。

⑦既成事実を作る

既成事実を作ったあとで、「かくなる上は、この方向で進めるしかない」という前提で論じる方法があります。とりわけ、何らかの経費が発生した場合、「すでにその方向で進めているので」と書けば、積極的な反対がない限り、それほどの反対にはあわないものです。また、もっと姑息な手段ですが、「中国に進出するべきか」を論じる場合、「中国のどこに進出するか」という問題にすりかえて、「中国進出はすでに決まった」という印象を与える方法もあります。

⑧壮大な夢を語る

壮大な夢の好きな社長がいます。成功すればどれほど素晴らしいことが起こるか、どれほど成功がすぐに手に入りそうかというような、ばら色の未来を部下に向かって説きます。そのタイプの人間は、壮大な企画書を好む傾向があります。ですから、うまくいくと大きなものを得ることができることを語って、そのタイプの人間をひきつけることができます。

⑨「もしも」のテクニック

すでに進んでいる企画をやめさせようとする場合、「もし、こんなことが起こったら……」というもしもの場合を想定します。たとえば、中国に進出することが問題になっているとき、「進出するべきではない」という立場から論じるとすると、「もし、中国で政変が起こったら……」「もし、中国の工場付近で民族問題が起こったら……」などと示します。そして、そのような危険が必ずしも杞憂ではないこと、万一そのようなことが起こると、壊滅的な打撃を被ることを説明します。そうすると、読むものは怖くなって考えを変えることがよくあります。

第4章

エッセイを書くテクニック

エッセイの書き方の練習をしておくことは
無駄ではありません。
たとえば、出張して、状況を報告するような場合、
論理的な説明だけでなく、状況が目に浮かぶように描くと
説得力が増すことがあります。体験を書く場合も、
その苦労のほどを追体験するような書き方をすると
共感が得られます。そのような力は、
エッセイを書くことによって養うことができます。

28 上手なエッセイの書き方〜小論文との違い

エッセイは、これまで説明してきた小論文（あるいは論理的文章）とは、かなり異なった意味を持ちます。小論文と比べてのエッセイの違いをまとめると、以下のようになります。

①リアルに書く

小論文の場合には、出来事をあまり具体的に詳しく書くことはありません。あくまでも、主張をする場合の例として示すにとどめます。ところが、エッセイの場合、出来事が目に見えるように書きます。「悲しそうな顔をしていた」と表現するのではなく、どのような表情だったのかを詳しく書きます。まるでそこにあるかのようなリアリティが、エッセイの命なのです。

②おもしろく書く

小論文の場合には、読んだ人が「なるほど、その通りだ」と納得するように書きます。それに対して、エッセイは、おもしろさが何よりも大事です。どんなに立派なことを書いても、それがおもしろくなければ、優れたエッセイにはなりません。ユーモアがあったり、興味を引く内容であったりといった、何らかのおもしろさが必要です。

③クライマックスを作る

エッセイにはクライマックスが必要です。もっとわかりやすくいえば、メリハリが必要です。最初から最後までずっと同じ調子で書くのでなく、もっとも大事な部分を盛り上げるように書くのがうまい方法です。構成に失敗すると、最初のほうに力を入れて書きすぎて、肝心のところで息切れして、結局盛り上がらない文章になったりしますので、注意が必要です。次の「構成」の第三部「展開」をクライマックスにすると、うまく書けるはずです。

④表現の工夫をする

小論文の場合、表現よりも分析や判断の的確さで勝負します。表現の工夫をすると「文体でごまかしている」とみなされることがあります。それに対してエッセイでは、ぜひ表現を工夫してください。そうすることによって、読み手におもしろさを与えることができます。ちょっとした表現で、読者をおもしろがらせたり、笑わせたりすることができます。

◆エッセイも四部構成を意識して書く

小論文と違って、エッセイは論理手順を考える必要はありませんので、かなり自由に書くことができます。しかし、構成については、小論文と同じように四部構成の型を意識すると、書きやすくなります。

なお、小論文はひとつの文をひとつの段落で書くのが原則ですが、エッセイの場合はそれほど厳密に考える必要はありません。もちろん、四つの段落で書いてもよいのですが、いくつかの段落でひとつの部分をなすのでかまいません。

第一部……**予告**

ここでは、これから何を書こうとしているのかを簡単に予告します。

第二部……**エピソード**

第一部に続いて、もう少し詳しく書きます。ここは全体の二〇～三〇%くらいの分量がよいでしょう。

第三部……**展開**

ここで、事件を起こします。この部分はできるだけ具体的に詳しく、そしておもしろく書いてください。ここはよく考えて、やや長めに書くようにしてください。全体の四〇%くらいが適当でしょう。

第4部……**解決**

最後は、上手に着地を決めてください。話にオチをつけて、うまくまとめるようにするとよいでしょう。

実は、ほとんどの物語やドラマはこの型を用いています。『ドラえもん』も毎回、ほとんどこの方法で進んでいきます。

●予告……のび太がジャイアンたちにいじめられて、ドラえもんに助けを求めます。そうすると、ドラえもんがのび太のために不思議な道具を出してくれます。

●展開……のび太がその道具をふつうに使います。

●ジャンプ……のび太がドラえもんの注意を無視して、その道具を別なふうに使ってしまいます。そのために、大変なことが起こります。

●解決……めでたく事件が解決されて、平和に戻ります。

例1

私は、子供のころから、風に乗って宙に浮かびたいと思っていた。空を飛びたいというのとは違う。風船のように、ふらふらと風に乗りたいのだ。

初めてそう思ったのは、縁日でもらった風船をつい手放してしまって、風船がゆらゆらと舞い上がっていったときだったような気がする。そのときのことだか、もっと後のことだかはっきりしないが、風船がゆらゆらと舞い上がっていく光景をしっかりと覚えている。何だか、風船をうらやましがっていたような覚えがある。重力のせいで地面にしばりつけられたままの自分が情けなかった。

風に揺られ、気分に任せて、ゆらゆらと浮かんでみたい。重力から逃れて、あっちにふらふら。こっちにふらふら。これが私に合っているような気がするのだ。風船も、それはそれで辛いのだろう。風のために行きたい方向に行けずに苦しんでいるのかもしれない。そのうち落ちてしまうことに恐怖を抱いているのかもしれない。が、それでも、地面からせいぜい二メートルのところにへばりついている人間よりは自由に見えるのだ。がむしゃらにどこかに行きたいと思うよりも、風任せのほうが自由な気がする。

まっしぐらに目的地に向かうよりも、風の中を浮かびながら目的地に向かうほうが、楽しいことがたくさんあるのではなかろうか。

例2

旅に出ると、思いがけない感動に出合うことがある。十年ほど前に訪れたベトナムのホーチミン市で出合った光景を今思い出しても、不思議な感動と躍動感を覚える。

空港から市内に車で向かいながら、最初に目を奪われたのは、優雅に髪をなびかせながら自転車に乗るアオザイ姿の女性たちだった。だが優雅などといったなまやさしいものでないことに、すぐに気づいた。三人乗り、四人乗りは当たり前。時には、一台に両親と四人の子どもの計六人が乗る自転車もある。熱帯の暑さの中、ものすごい量の自転車やオートバイがけたたましい音をたてながら、交通ルールなどおかまいなしに、狭い通りや広い通りを走っている。道路を横断するのも命がけだ。

喧騒の中の市内見物を終えた後、夕方になってホテルに戻った。寝転びながら、北極グマの活躍するアニメを見ていた。ロシア製のアニメなのだろうが、熱帯地方のテレビの中に映し出される氷の世界に居心地の悪さを感じていた。

そのときだ。外が妙に騒がしい。まるで暴走族のような音だ。外に出てみた。

それはまさしく暴走行為だった。バイクが猛烈な爆音をたてて走っている。だが、日本のような数十人単位の暴走行為ではない。大型バイクだけでなく、五〇ＣＣバイクも自転車も参加している。後ろの席に幼児の乗ったバイクや自転車までがたくさん加わっている。

そのような暴走行為が、町の一角だけでなく、周囲の区画全体で展開されていた。次の区画に行っても、その次の区画に行っても、数千人あるいは数万人のホーチミン市民が、アクセルを吹かし、爆音を立て、歓声を上げながら、広い通りをうねりを作って暴走していた。熱帯の夕暮れの町全体が遠雷のような爆音に包まれていた。

市民をあげての暴走行為は一時間ほどで終わった。あれが何だったのか、わからない。自然発生的だったのか。誰かが組織した反政府運動だったのか。単なる夕涼みだったのか。ただ、私はアジアの民衆のエネルギーに圧倒されて、心の底から感動していた。

あれから十数年。今、私の脳裏によみがえるホーチミン市の光景は、熱帯の夕暮れの中に浮かぶ現地の企業を宣伝するいかにも田舎くさいペンキ塗りの広告と、その下で暴走し、歓声を上げる市民たちの姿なのだ。

29 書き出しに工夫する〜魅力アップに繫がる

小論文の場合には、書き出しに凝る必要はないのですが、エッセイの場合には、書き出しがおもしろいことは、全体の魅力アップに繫がります。先を読みたくさせるようなうまい書き出しを工夫するとよいでしょう。

ここに、いくつかのパターンを示します。

◆いろいろな書き出しのパターン

①動作で始める

動きのある様子を描くと、読んでいる人はその様子を目に浮かべます。そのために、文章をリアルに感じ、先を読みたい気持ちを抱きます。たとえば、「車の向こうに人がいた」と書くよりも、「車の向こうから人がぬっと現れた」と書くほうが、状況が目に見えるように感じます。

例

喫茶室に入ると、目の前で赤い服を着た女性が大口をあけて笑っているのが見えた。

②会話で始める

会話で始める方法です。読んでいる人の興味を引きますし、臨場感が出ます。読んでいる人は、いきなりエッセイの世界に入り込むことになります。

例

「あら、芝崎さん。ずいぶんお痩せになったのね」
顔を合わせた途端に、阿佐美さんは私を見て口にした。

③読み手の興味を引く文で始める

読んでいる人が意外に思うようなこと、不思議に思うようなことを書く方法です。読む人は好奇心をかきたてられて、先を知りたくなります。

例

私はこれまでの人生で二度ほど、銃を突きつけられたことがある。一度は、ドイツとフランスの国境でのことだった。

④気の効いた格言や人生観で始める

気の効いた格言や人生観で始めるのもうまい方法です。ただし、学校の先生のような人生訓を書いたのでは、道徳的になりすぎておもしろみを感じません。鋭い人生観を思わせるような文である必要があります。

例

成功者は、成功しようと思ってなるのではない。日々、するべきことを必死にやっているうち、知らない間に成功者になるものなのである。

⑤これから書くことを予告する書き出し

これから書こうとする話の内容を予告する書き出しです。「きのう、会社から帰るときの電車の中でのことだ」などと始めます。あるいは、少し大袈裟にして「これから、ちょっとすごいことを語るぞ」と見せておく方法もあります。

これはもっとも正統的な書き方です。多少おもしろさは不足かもしれませんが、書きやすいと思いますので、是非マスターするように努めてください。

例

あれから二五年以上の年月がたった。が、今でもあのときの衝撃は忘れない。

30 リアリティを出す〜おもしろさを感じる

どんなにおもしろい映画であっても、そのストーリーを読んだだけではおもしろさは伝わりません。映画を見て、目の前でリアルな出来事が展開され、はらはらしてこそ、おもしろさを感じます。

文章も同じです。エッセイの場合、リアリティを出すことが大事です。目の前で起こっているかのような臨場感があってこそ、読み手はその文章をおもしろいと思うのです。ですから、エッセイを書く場合、リアリティを出すように心がける必要があります。

ここではリアリティを出すためのコツを紹介します。

◆リアリティを出すための五つのコツ

①読む人に発見させる

「店には多くの人が押し寄せていた」と書いても、誰もそれにリアリティを感じません。読んでいる人が、それをリアルだと思うのは、自分でそのことを発見した場合に限られます。つまり、読んでいる人が自分から、「お店にはたくさんお客さんが来たんだ！」と思うように書くべきなのです。

　ですから、たとえば、「レジが三つあったが、それぞれに五人以上の長い行列が途切れなかった」と書けば、読んでいる人にそれが伝わります。

　このように、抽象的に書くのでなく、出来事を具体的に書いて、その内容を読んでいる人に伝えるようにすると、リアルになるのです。

②詳しく書く

　具体的に詳しく書くことによって、読んでいる人は、その事柄についてイメージできます。「目の前にあるのは昔風の家だった」といっても、読んでいる人はイメージできません。「まるでお寺のように大きな屋根に白塗りの壁の二階建ての日本家屋だった」といえば、イメージできます。

　もちろん、最初から最後まですべてにおいて詳しく書く必要はありません。が、読んでいる人に臨場感を感じてほしいところは詳しく描写するようにします。そうすると、リアリティが生まれ、読んでいる人はおもしろさを感じます。

③ちょっぴり悪い心をまぜる

人間、誰しも悪い心を持っています。ライバルが取り立てられると嫉妬心を覚えます。ライバルが失敗するとうれしくなります。他人をいじめてやりたい心も持っています。そのような気持ちをまったく出さずに、あまりに優等生的なきれいごとを書くと、読んでいる人は、それが事実とは思えずに、リアリティがなくなってしまいます。

かといって、あまりに邪悪な心を出すと、読んでいる人は文章に感情移入できません。読んでいる人も許容できて、自分も同じような心を持っていると認めることのできるような悪い心を示すことも、読む人を引きつけます。

④色のついたものを描く

色のついたものを出してくると、読んでいる人は、リアルに映像を思い浮かべます。「キャンプに行ったら、野道にきれいな花が見えた」と書くのではなく、「キャンプに行ったら、野道に紫色の小さな花びらが見えた」と書くほうがずっと読む人の目に焼きつきます。

⑤会話を用いる

うまく会話にすることによって、臨場感が出ます。読んでいる人は、実際に人が会話をしているような気がして、リアルに感じるのです。ただし、注意してください。会話を長く続けすぎると、だらだらしてしまいます。ここぞというところに少しだけ使って、それ以外ではあまり使わないようにすることです。

練習問題

次の文章は、そっけなくてリアリティが不足しています。リアリティのある文章に改めてください。

＜問題＞

私は一人で山道を歩くうちに迷子になっていた。夕方になって、向こうに一軒の民家が見えてほっとした。急ぎ足でその民家に向かった。

＜解答例＞

私はとぼとぼと一人で山道を歩いていた。日が暮れ始め、あたりが暗くなり始めた。だんだんと山の形が周囲の暗い空の色の中に溶け込んでいく。このままでは山の中で夜をすごすことになってしまう。そう思いながら坂道を急いだ。曲がり角を折れた瞬間、坂の下に黄色い小さな光が見えた。間違いなく、小さな民家の明かりだった。私は駆け足になって、その家のほうに向かった。

31 表現を工夫する～ぐっとリアリティが増し心を動かす

先ほど述べた通り、エッセイの場合、表現を工夫するのは好ましいことです。上手に表現することで、ぐっとリアリティが増します。表現がおもしろくて、読んでいる人がクスリと笑ったり、心を動かされたりします。

誰にでも使える表現のコツを挙げておきましょう。

◈簡単に使える表現法

①重ね言葉

もっとも誰にも使える表現は、重ね言葉です。重ね言葉というのは、「ぐんぐん」「ぱたぱた」など、同じ音を二回重ねる言葉のことです。「彼は書類を扇子代わりにしていた」というよりも、「彼は書類を扇子代わりにして、パタパタと扇いでいた」とするほうが、ずっと目に見えるようになります。

②比喩

表現の工夫がもっとも効果的で、もっともおもしろいのは、比喩です。比喩には大きく分けて、直喩と隠喩がありますが、直喩のほうが使いやすいでしょう。「私は、まるで子うさぎのように震えていた」というように「まるで……のよう」という表現を用います。比喩を使うときには、大袈裟に表現するように心がけるとよいでしょう。

③目に見えるような言葉

「美しかった」「満員だった」と書くだけでは、読む人に、どのように美しかったのか、どのように満員だったのか、様子が十分に伝わりません。

「あまりの美しさにうっとりするほどだった」「すべての椅子が埋まり、立ち見席が出るほど満員だった」と書くと、それらしく表現できます。また、「急いで歩いた」という表現も、「走るように歩いた」「自転車よりも速く歩いた」「階段を二段飛ばしにして急いだ」「時々駆け足になりながら歩いた」など、様々な表現があります。

練習問題

次の文章をリアリティな表現に書き改めてください。

〈問題〉

1　彼女は、私のことを知っているはずなのに、私の顔をじっと見た。

2　私は思い切って二階から飛び降りた。

〈解答例〉

1　彼女は私の顔を、まるで見知らぬ人であるかのようにまじまじと見つめた。

2　私は、運を天に任せて、エイッと声をあげて二階から飛び降りた。

32 文体にメリハリをつける～リズムのある文体が気分転換に

同じことを書いていても、その文のリズムによって印象が変わります。軽やかになったり、重々しくなったり、きびきびしたり、ゆったりしたり、にやりとするようになったり。そのようなことを文体で操作することによって、文章をおもしろくできます。また、読んでいる人の心を動かすこともできます。

特に、一本調子で重々しい文章では、読み手は退屈に感じてしまいます。うまくリズムのある文体にすることで、読み手に気分転換をさせることができるのです。

文体にメリハリをつけるコツ

①一文を短くする

いちばん簡単なのは、一文を短くすることです。そうするだけで、だらだらした感じがなくなり、読みやすく、てきぱきした文になります。

②対句を用いる

対句を用いるとリズミカルになります。「車で走っていると、だんだんと山が見えてきた。それからしばらくすると、今度は左側に海が見えた」「本を読んで、それからしばらくして、テレビを見た」と書くよりは、「車で走るうち、山が見え、海が見えた」「本を読み、テレビを見た」と書くほうがずっとリズミカルになります。

③文末を多様にする

「……である。……である。……である。……である」などとすべての文が「である」で終わる文を書く人がいます。これでは、読んでいて息苦しくなってしまいます。「……である。……する。……見た。……である」と書くほうが読みやすくなります。このように、同じ文末がいくつも続かないように配慮すると、かなり読みやすくなります。

④盛り上げる言葉を加える

「そのときのことだった」「ところが、とんでもないことが起こった」「それなのに、なんということだろう」というような次を期待させるような言葉、注意を引きつける表現などを加えると、メリハリができ、単調でなくなります。

⑤現在形を用いる

過去のことを書く場合、「……した。……だった」という表現が続きます。それでは単調になってしまいます。何かを描写するとき、何かが起こったときなどに、現在形を使うことで、メリハリをつけ、そこで時間が止まったような感覚を読み手に与えます。「電車がやってきた。私が乗り込もうとしたときだ。そこに昔なじみの村上がいた。二〇年前そのままの格好だ。赤ら顔で、白のシャツを着ている。私が声をかけても、私を思い出せないと見えて、ぼんやりしている」などと書きます。

⑥俗語を加える

文章体で書かれている中に俗語調が加わると、くだけた感じになり、おもしろさが浮き立つことがあります。「私はじっと黙って建物を見た。そこにたどり着こうとした。こりゃダメだ。いくらなんでも遠すぎる」とすることで、心の本音を出すことができます。

⑦遠景と近景を使い分ける

映画やテレビドラマは、遠景と近景を使い分けて話が展開します。大きく状況を捉えるときには遠景、人物の小さな動きを捉えるときには近景を使います。ずっと遠景ですと退屈になり、ずっと近景ですと息苦しくなります。文章でもそれと同じように、しばらく近景が続いたら遠景を交ぜ、遠景が続いたら近景にするというように配慮します。そうするだけで、メリハリが出てきます。

⑧短い文と長い文を使い分ける

テレビドラマなどでは、長いカットと短いカットが使い分けられています。長いカットが続くとのんびりした雰囲気になります。主人公が殺人者から逃げているときなどは、追いかける犯人と逃げる主人公などが交互に移され、短いカットが畳み掛けられます。

文章でも同じように、短い文と長い文を上手に使い分けることで、メリハリをつけることができます。緊迫感を出したいときには、短い文を畳み掛けるとよいでしょう。「特に急ぐわけでもないので、役所に行く途中、色づき始めたイチョウ並木を見ながら、ほとんど人の通らない郊外の歩道をゆっくりと歩いていた。ところが、すぐ横を男の子が駆け抜けていった。すぐに大人がそれを追いかける。一体何が起こっているのだろう。私はそちらに目を向けた」などと書くと、ゆっくりした気分の後に突然、何事かが起こったことを印象付けることができます。

⑨会話を用いる

ずっと地の文（文章や小説などで会話以外の部分）ですと、それも単調になってしまいます。ときどき会話を用いることでメリハリができます。かといって、会話ばかりではだらだらしてしまいますので、加減が必要です。

ところで、ふつうの会話のほかに、カギかっこを使って独り言を加えることもできます。こうすることで、地の文が続くのを防ぐことができます。また、カギかっこを使わないで地の文章の中にせりふを加えていく書き方もあります。これらのテクニックを上手に使うと、メリハリができます。

第5章

文章力をアップさせるための日常のトレーニング

本書は文章の書き方を説明するものですが、
本書を一読しただけで、すらすらと文章が書けるように
なるわけではありません。
言うまでもなく、本書を読んで、
トレーニングを繰り返してこそ、力は定着します。
また、ふだんから様々なことに気をかけてこそ、
文章力はアップします。

33 「新聞」でのトレーニング

文章の練習のために、三島由紀夫の小説を毎日写した……という人に出会ったことがあります。もちろん、その努力は買うべきでしょうし、その人が文学を志しているのであれば、それも有効でしょう。しかし、一般のビジネスパーソン、とりわけ日常の文章力に不安を抱いているビジネスパーソンがそのようなことをしても意味があるとは思えません。小説家の特殊な文体ではなく、わかりやすい言葉で的確に物事を語るための文章力をつけるための練習ですので、文章の達人の文章を写す必要はありません。

それよりも、文章の練習の手本としてもっともよいのは新聞です。新聞といっても、駅の売店で売られているタブロイド紙ではなく、一般紙です。もしかすると、文章力に自信がないという人に限って、新聞を取っていないのかもしれません。が、文章力を高めようと考えているのであれば、できるだけ新聞を毎日購読することを勧めます。もちろん、会社などでいつでも自由に新聞を読める立場にいれば、それでよいのですが、自宅で新聞を取り、繰り返し読めるようにするのが、もっとも好ましいことです。

なぜ、新聞が文章の訓練に不可欠なのか

新聞が文章の訓練に不可欠だという理由はいくつかあります。

第一に、論理的な文章の手本になることです。新聞の中には、エッセイに当たる部分もありますが、ほとんどが論理的文章です。

これらの文章は、まず文体の面で役に立ちます。句読点の打ち方、語彙の選び方、段落のかえ方など、本書でも説明したことがほぼ守られています。無意味に難しい言葉も使われていません。

論理的文章を書き慣れない人、つい俗語が交じってしまう人、文法的に正しくない文が交じってしまう人は、新聞を読む習慣のない人でしょう。新聞を毎日読んでいれば、そのようなことは解消されるはずです。

また、エッセイのタイプの文章も、新聞にはかなり載せられています。朝日新聞の「天声人語」などの第一面のコラムや「特派員便り」などは、エッセイです。また、エッセイストや作家のエッセイが日曜版などにも取り上げられることがあります。これらの文章を味わうことによって、エッセイの書き方の実際を知ることができます。

また、新聞を読む場合、社会的な知識が増え、社会についての分析の方法を学ぶことにも役立ちます。

新聞に書かれているのは、出来事の報告だけではありません。社会についての分析、これからの社会への展望について、記者や学者や評論家、経済人、政治家の文章が掲載されます。社会について鋭い考察をした文章も、毎日のように掲載されます。それを読むだけで、社会についての知識を増やし、社会を鋭く見ることができるようになります。

これまであまり新聞を読む習慣がなかった人は、まずは楽しんで新聞を読むことを心がけてください。全部を読もうとすると、時間が不足すると思います。お気に入りの面を作って、そこを重点的に読むのがうまい読み方だと思います。

私の場合を紹介しますと、まず、朝、起きてすぐに二〇分ほどで全体に目を通します。第一面をざっと見て、めぼしい記事があったらじっくり読みますが、時には見出しを見るだけのこともあります。

そのあと、お気に入りの面を読みます。実は、私のもっとも気に入っている面は、一般読者の投書欄と学者たちの意見が紹介される面です。これについては次節で詳しく説明します。

私は経済関係のことにあまり関心がありませんので、よほどのことがない限り、さっと眺めるだけです。国際政治や教育には大いに関心がありますので、じっくり読みます。あとは、スポーツ面と事件面を見て終わりです。

その後、昼や夜の食事の後、テレビでニュースを見ながら、朝読み足りなかったところを読みます。時事問題の解説記事などについて、このときに詳しく読むこともあります。

このような読み方でよいのだと思います。私は特に切り抜きをしたりはしません。が、知人に切り抜きをしている人がいます。それが長続きするタイプの人であれば、是非するべきことだと思います。

このようにしていますと、休刊日などは、とても寂しい気がしてきます。そうなれば、新聞が生活の一部になったということでしょう。

34 新聞の投書欄を活用~手近な手本となる教材

前節でも説明した通り、一般読者の投書や学者の意見などの載っている面（新聞によってはオピニオン面などと呼ばれています）が、文章修業のためには新聞の中でももっとも役に立つ部分です。

まず、一般読者による投書欄（読売新聞では「気流」、朝日新聞では「声」という名称で呼ばれています）をお勧めします。

投書欄には読者の投書がいくつか載っているはずです。投書は短い文章ですし、やさしい表現で書かれていることが多いので、読みやすいはずです。これを読むだけでも、今、社会でどのようなことが話題になっているのか、ざっと理解することができます。

しかも、投書は小論文かエッセイかのいずれかです。何かについての意見を書く小論文もたくさんあります。政治について、現代人の生き方について、何かの意見を書いた文章は小論文のタイプです。身の回りを見て感じたことをまとめたものがエッセイです。ほとんどの文章が、しっかりとまとまっています。まとまりのよくないものについては、新聞社が少し手を加えているかもしれません。新聞に載っているものについては、ある程度以上のレベルのものです。

ですから、十分に小論文、作文の手近な手本になるレベルのものです。

もし、文法的に正しい日本語を書くのにも自信がないのでしたら、まずはこのレベルの文章を書き写してみるとよいでしょう。毎日、投書の中のもっとも気に入ったものを写すだけで、一月もしないうちにしっかりとした日本語になるはずです。

それに、投書欄は子どもからお年寄りまで、様々な立場の、様々な意見が掲載されます。これを読むと、日本人の様々な意見がわかるようになります。これを読み続けているうちに、「私はビジネスパーソンとして、このように考えるけれど、お年寄りはどう考えるだろうか。若者はどう思うだろうか。主婦はどう考えるだろうか」などと想像できるようになります。そして、多様な価値観が身につくようになります。そうしたものの見方は、文章を書く場合に大変重要なものです。

投書欄をしっかり読んで意見をまとめる

投書欄を使って、もっと実行してほしいことがあります。

それは、文章をしっかりと読み取り、それについての意見をまとめることです。

投書はプロの書いたものではありませんから、それほど高度ではないはずです。それに一般読者が自分の立場からの意見をまとめています。客観的に正しい意見というわけではありません。つまり、投書欄の意見にはスキが多いのです。賛成するための根拠も、反対するための根拠もたくさんあります。ですから、その文章を読んで、それに賛成か反対かを自分なりに考えてほしいのです。

もちろん、何も考えずに読んでいても、賛成案も反対案も生まれません。七四ページで説明した3W（WHY＝理由・根拠、WHEN＝いつからそうかという歴史性、WHERE＝どこでそうなのかという地理性）、1H（HOW＝対策）を考えて読むとよいでしょう。「この投書は、そういっているけど、よその国ではどうなのか」「この投書の提案を実現する対策があるのか」などと考えてみるわけです。

毎朝、仕事に出る前に新聞を開いて、投書欄を見て、それに賛成・反対の理由をひとつずつ考えてみる習慣をつけてはどうでしょう。それを半年間、一年間と続けるうちに、驚くほど、論理力と知識が増えていることでしょう。そして、それは間違いなく、文章を書くときの糧になります。

それを続けるうちに、時には、投書に対して反対したい気持ちになることがあるかもしれません。そんなときには考えをまとめて文章を書き、自分で投書してみるのもよいでしょう。もし採用されたら、自信につながると思います。もしかしたら、病み付きになるかもしれません。

地方紙でしたら、かなり掲載される確率が高いと思います。

しかし、一般読者の投書以上に役に立つのは、もちろん、学者や評論家の意見です。新聞には、最高の知性による意見の対立が示されることもしばしばです。政治的な出来事について、これからの日本の進路について、国際政治、国際経済について、様々な意見が戦わされています。

それをしっかりと読んでいくうちに、だんだんと自分の意見がはっきりしてきます。そうすれば、社会に対する見方も鍛えられ、分析が鋭くなり、自分の書く文章にも幅と奥行きが出てきます。

そのような記事や評論が読みたくて、新聞がくるのを待ち遠しくなれば、もう文章の達人になるのは目前です。

35 電車の中でできるトレーニング

電車で通っている人のうちかなりの人が、ケイタイを見たり、音楽を聞いたり、ぼんやりと外を眺めていたり、居眠りをしたりしています。もちろん、そのような時間も大事ですが、せっかくですから、文章力をつけるために通勤時間を文章力養成のために使ってはいかがでしょう。

電車の中の時間は細切れです。それほどまとまったことはできないでしょう。が、ちょっとしたことが重なれば、大きな時間になります。

電車の中でできることを、次にまとめてみましょう。

◆簡単にできるトレーニング

①駅ごとの特徴を考え、文にする

電車の停まる駅や乗換駅ごとに、違った雰囲気があります。それぞれの駅の違いを見つけてください。「この駅は別の線が乗り入れているため、ほかの駅と雰囲気が異なる。上品な雰囲気の人が多い」というようなことでもよいのです。それを頭の中で文にまとめます。「今日はちょっといつもと様子が違う」と思ったときも、それがなぜかを考えて、文にまとめてみます。長い文章である必要はありません。場合によっては、一〇字か二〇字程度でずばりと示すのでもよいでしょう。一〇〇字程度にまとめるのもよいでしょう。それをすることによって、言葉で物事を表現する癖がつきます。

②吊り広告に反論する

ほとんどの電車には吊り広告があります。これを利用しない手はありません。吊り広告には、雑誌の内容が書かれています。これはもっとも適当な素材です。たとえば、政治家のスキャンダルの記事が出ています。「本当にこのようなことをする政治家は悪い政治家といえるのか」と考え、記事に反論してみます。雑誌がほめていることに対して反論してみたり、雑誌が批判していることをほめたりします。その根拠をしっかりと考えてみます。そうすることで、論理力を高め、社会への関心を高めます。

③漫画を説明する

電車の中でタブロイド新聞を読んだとします。もちろん、日刊紙でもかまいません。それらには四コマ漫画が出ているでしょう。一コマ漫画、あるいはもう少しコマ数の多い漫画もあるでしょう。それを読んで、漫画としてではなく、文章で説明してみてください。おかしさ、おもしろさが読んでいる人にわかるようにしてください。漫画を文章で説明するのは、かなり難しいことです。それを続けるうちに、説明する力がついてきます。

④乗客の様子を描写する

電車の客の中には、おもしろい人がいます。不思議な服装の人、おもしろい態度をとる人、ぶつぶつ何かをしゃべっている人などなど。また、着飾った美しい人や感じのよさそうなお年寄りなど、目を引く人も多いでしょう。そのような人を見たら、読んでいる人が目に浮かぶように、その人の様子を描いてください。そして、その場にいない人がその人を思い浮かべることができるように説明します。実際に書く必要はありません。頭の中で描いてください。

⑤笑い話を作る

一日にひとつ、仲間や家族を笑わせる話を考えてはどうでしょう。笑いというのは人間の会話で大事なことです。それに、笑わせると、人気者になれますし、人間関係を円滑にします。電車の中でネタを考え、電車の中であったおもしろい人、会社であったことなどを、誰かに話して笑わせようと考えてみるのです。笑わせるのはかなり難しいことです。言葉の使い方ひとつで、相手は笑ったり笑わなかったりします。毎日、笑わせようとしているうちに、笑わせる言葉の使い方のコツがわかってきます。

⑥映画や漫画を説明する

映画を観たり小説や漫画を読んだら、それを人に話して聞かせるつもりでまとめてみます。いろいろな説明のバージョンがあります。二、三分で簡単にまとめるつもりで話すのもよいでしょう。あるいは、思い出せる限りの場面を思い出して、まるで昔の無声映画の弁士のようにすべてを説明するバージョンでもかまいません。いずれにしても、あいた時間に頭の中で整理してみてください。

もちろん、最後まで続ける必要はありません。ほんの少しでもよいのです。そのように説明しようとすることで、描写力が増します。文章力が高まります。

36 他人の文章を添削する

◆いろいろな人の文章を使って学習する

新聞や本などの優れた文章を読むだけでなく、自分と同レベル、あるいは自分よりも低いレベルの文章を読むことも、文章力をつけるために役立ちます。

そのために、他人の文章をたくさん読む機会をつくることが大事です。会社内の文書を読んでみるのもよいでしょう。同僚や部下の文章を、内容だけでなく、文章としてうまくできているかどうかを考えて読んでみるのです。論理的に話が繋がっているかどうか、段落がえは的確かどうかといったことを考えてみます。

ネット上のブログの文章の中にも、自分と同レベルの文章はたくさんあります。上手な文章もありますし、そうでないものもあります。どのあたりが自分にはマネのできないテクニックを用いているか、どのあたりがおもしろいか、逆にどのあたりがよくないのか、どうすればよいのかを考えて読んでみます。

ゲームが上達するのは、自分と同レベルの人と競い合うからです。文章の場合も同じです。もっともよいのは、知り合いと文章力上達を同時にめざし、ともに競い合うことですが、それは現実にはなかなか難しいでしょう。そのような場合には、適当なブログを見つけて、自分で勝手にライバルをつくってはどうでしょう。そして、その人と文章修業を競い合うのです。もちろん、相手は一人である必要はありません。数人と競い合います。相手のほうはそんなことは考えてもみないでしょうが、それでかまわないのです。

他の人の書いた文章を添削する

もうひとつのトレーニングは、添削です。他人の文章の悪いところを見つけ、それをどうするべきかを添削してみます。そうすることで、上手な文章の書き方のテクニックをいっそう理解できるようになります。他人の文章の利点・欠点がわかるようになれば、自分の文章についてもわかるようになります。そうこうするうちに、よい文章が書けるようになるのです。

練習問題

次の文章はいずれも、「携帯電話を小学生が持つことに制限を加えるべきか」というテーマで書かれた小論文です。かなり欠点がありますので、欠点を指摘し、どのようにすればよいのかアドバイスしてください。

＜問題＞

1 今の日本人の二人に一人は携帯電話を持っている。小学生六年生も四割の子どもが携帯電話を持っているという調査がある。このように携帯電話が普及している日本であるが、小学生が携帯電話を持つことに制限を加える必要があるのだろうか。

確かに、携帯電話があればゲームをして暇な時間をすごせる。それに、今の携帯電話にはカメラ機能や電卓機能、スケジュールメモなどがついているが、悪いことはたくさんある。携帯電話がよくないのは、子どもが有害サイトに簡単にアクセスしてしまうことに問題があるのである。特に問題になっているのが、出会い系サイトである。悲しいことに、かわいい小学生が被害者になって、日本中を悲しませたことがある。

携帯電話を子どもが持つ必要はないのである。

2 今、小学生が携帯電話を持っていることが多い。そのため、携帯電話の使用制限も増えているが、使用制限をしてよいのか。

確かに、出会い系サイトなんかアクセスして、小学生には危険なことが多い。大人なら逃げれるが、子どもだったら大変だろう。だが、携帯電話は子どもにとって大事なものなのだ。携帯電話を持たせるのは、親であることが多い。子どもの居場所を知って安心するために携帯電話が使われているのである。

しかし、いくら携帯電話が役に立つとはいっても、小学生を危険にするのはよくない。携帯電話は子どもを誘惑するのだから、携帯電話を制限するほうがよいのではないだろうか。

このように、私は携帯電話の制限については、もっとよく考える必要があると思うのである。

3

現在、小学生の携帯電話の使用に対して制限を加えている学校が多い。では、これからも制限を加えるべきだろうか。

もちろん、自由であることに越したことはない。自由に携帯電話を用いれば、必要な時に知り合いと連絡を取ることができ、インターネットを用いて、子どもが楽しみながら視野を広げ、様々な情報を得ることができるのである。だが、もはやそんな時代ではないのである。

制限しないと、小学生は有害なサイトにアクセスして、危険な目にあったり、アダルトサイトを見てしまう小学生がいるのである。また、携帯電話やメールに夢中になって、友だちとの直接のコミュニケーションができなくなるかもしれない。それと、携帯をいじるのに時間をとられて、お金を無駄に使ったり、勉強時間がなくなったりするだろう。
私は、小学生の携帯電話使用に制限をするべきだと考える。

＜添削例＞

1

今の日本人の二人に一人は携帯電話を持っている。小学生六年生も四割の子どもが携帯電話を持っているという調査がある。このように携帯電話が普及している日本であるが、小学生が携帯電話を持つことに制限を加える必要があるのだろうか。

問題提起とあまり関係がない。カットするか、別の話題に変えるほうがよい。

確かに、携帯電話があればゲームをして暇な時間をすごせる。それに、今の携帯電話にはカメラ機能や電卓機能、スケジュールメモなどがついているが、悪いことはたくさんある。

これでは問題点を指摘しているにすぎない。携帯電話が危険であるという理由をもっと詳しく書く必要がある。

第2段までは「携帯を使ってよい」という立場で書いていたのに、ここで逆転してしまう。ここにはもっと詳しく「携帯電話を使ってよい」という根拠を書く必要がある。

文法的におかしい。主述がかみあっていない。

携帯電話がよくないのは、子どもが有害サイトに簡単にアクセスしてしまうことに問題があるのである。特に問題になっているのが、出会い系サイトである。悲しいことに、かわいい小学生が被害者になって、日本中を悲しませたことがある。

携帯電話を子どもが持つ必要はないのである。

「などに」とするほうがよい。

2

今、小学生が携帯電話を持っていることが多い。そのため、携帯電話の使用制限も増えているが、使用制限をしてよいのか。

確かに、出会い系サイトなんかアクセスして、小学生には危険なことが多い。大人なら逃げれるが、子どもだったら大変だろう。だが、携帯電話は子どもにとって大事なものなのだ。携帯電話を持たせるのは、親であることが多い。子どもの居場所を知って安心するために携帯電話が使われているのである。

逃げられるが

しかし、いくら携帯電話が役に立つとはいっても、小学生を危険にするのはよくない。携帯電話は子どもを誘惑するのだから、携帯電話を制限するほうがよいのではないだろうか。

「悲しい」「かわいい」などの感情的な表現は論理的文章にふさわしくない。

ここも俗語的すぎる。

このように、私は携帯電話の制限については、もっとよく考える必要があると思うのである。

3

現在、小学生の携帯電話の使用に対して制限を加えている学校が多い。では、これからも制限を加えるべきだろうか。

もちろん、自由であることに越したことはない。自由に携帯電話を用いれば、必要な時に知り合いと連絡を取ることができ、インターネットを用いて、子どもが楽しみながら視野を広げ、様々な情報を得ることができるのである。だが、もはやそんな時代ではないのである。

ほぼよい。

制限しないと、小学生は有害なサイトにアクセスして、危険な目にあったり、アダルトサイトを見てしまう小学生がいるのである。また、携帯電話やメールに夢中になって、友だちとの直接のコミュニケーションができなくなるかもしれない。それと、携帯をいじるのに時間をとられて、お金を無駄に使ったり、勉強時間がなくなったりするだろう。

私は、小学生の携帯電話使用に制限をするべきだと考える。

3つのことを書いているが、どれも説明が不十分。もうすこし詳しく説明してこそ、説得力が生まれる。

37 言い換え力を鍛える～その場に合った表現が使えるように

文章を書くときに、もっとも大事なことは、いくつかの表現を思いつくことです。言葉にはいろいろな種類があります。たとえば、漢語と和語がそうです。「遠距離を歩行するのは困難だ」というのと「遠くまで歩くのは難しい」というのとでは、意味はまったく同じでも、雰囲気がまったく異なります。そして、文章力のある人は、その場にどのような表現がふさわしいかに気づいて、その表現が使える人です。

それゆえ、同じ意味で、別の表現はないかを意識的に考えてみてはどうでしょう。文を読むときも、同じことをほかの表現で言えないかを考えてみます。

翻訳で、言い換え力を鍛えよう

私がそのために勧めているのが、翻訳をしてみることです。

翻訳というのは、ある言語を別の言語に移し変える行為ですが、言語体系が異なりますので、様々の表現が可能です。「I am a cat」という文にしても、「吾輩は猫である」から、「おれ、猫なんだよ」「私、猫なんですのよ」「私、ねこざんすわよ」「わしゃ、ネコだんべ」「おいらはネコだぜ」「私は猫です」などなど多数の表現が可能です。人物の状況、言葉の自然さなどによって、どのように訳すかを工夫します。

訳語ひとつで、ニヤリと笑いが漏れたり、そうでなくなったりします。翻訳することによって、言葉をいじることの意味、その楽しさがわかってきます。

ひとつ翻訳をしてみてはどうでしょう。古文を現代語に訳すのもいいでしょう。もし、英語に自信があるようでしたら、英語の力をつけるためも兼ねて、お気に入りの英語の本を訳してみるのもいいでしょう。ビジネス書でもかまいませんし、小説でもかまいません。

たとえば、大きな本屋さんに行けば、英語圏の絵本があります。小さな子ども向けの本ですので、英語も難しいものではありません。中学生のころに勉強した程度の英語で十分に訳せると思います。それをお子さんのために日本語に訳してみてはどうでしょう。お子さんが小さければ、きっと喜んでくれるでしょう。

英語の勉強をしている人は、長文を見つけて、それを訳してみるのもよいでしょう。インターネット内を探せば、様々な英語の文章が見つかりますので、それを訳すのもよいでしょう。あるいは、音楽の好きな人は、英語の歌詞を日本語に訳すのもよいと思います。詩を訳すのは難しいのですが、いろいろと工夫できる楽しさがあります。

私の知り合いに、そのようにして勉強のために訳したものを本として出版したという人がいます。あまりお金にはならないかもしれませんが、一石二鳥になると思います。

練習問題

次の文章を、かしこまった表現、くだけた表現など、いろいろな雰囲気の現代の文章に改めてください。

＜問題＞

何度申したら、お分かりいただける。拙者がさようなことをいたすはずがないことくらい、拙者との付き合いの長い貴殿なら、おわかりでしょうに。

＜解答例＞

何度言ったらわかっていただけるのですか。私がそのようなことをしないことくらい、私と付き合いの長いあなたでしたら、おわかりいただけるでしょうに。

何度言ったらわかってくれるんだ。おれがそんなことをしないことくらい、付き合いの長いお前だったら、わかってくれるだろうに。

何度言ったら、わかるんだよ。おれがそんなことをするわけねえことくらい、長い付き合いだから、わかってくれるだろ。

第6章

様々な私信・ビジネス文書を書くテクニック

小論文とエッセイを中心に基本的な文章の書き方について説明してきました。

しかし、実社会において文章を書く場合、様々な状況が考えられます。状況に応じて、詫び状や礼状、抗議文などを書くときがあります。

これまで説明してきたことが基礎になるとはいえ、それぞれの書き方があります。

38 エントリーシート（志望理由書・自己PR書）の書き方

就職試験や社内公募などで、エントリーシートが課されることがあります。学校や企業によっては様々な形式のエントリーシートがありますが、履歴書のほか、「自己紹介してください」「会社に入って何がしたいですか」「自信のあること」「あなたの長所」「当社の製品をどう思いますか」「最近の事件で関心のあることは?」など、志望理由書や自己ＰＲ書についての記述を求められることがあります。

エントリーシートは、書いた人がどんな人物なのか、どのような長所を持っているのかを見るためのものです。同時に、それは面接のための資料でもあります。エントリーシートを見て、面接の際に質問をします。ですから、「この人に会ってみたい。もう少し話を聞きたい」と思われるように書くのがコツです。

ここでは、エントリーシートを書くときの注意点と、エントリーシートの代表的なものとして志望理由書、自己ＰＲ書について説明します。

◆エントリーシートを書くときの注意点

全体的に、常体、敬体のどちらでもかまいません。そして、ほとんどの項目が一〇〇字から二〇〇字程度だと考えられますので、六ページで説明したA型かB型のどちらかを用いるとよいでしょう。

その際に、注意するべき点がいくつかあります。

①一貫性を持たせる

エントリーシートは、いくつもの項目について書かなければならないことがほとんどです。なかには、様々な項目に多彩な自分をアピールしようとして、様々なことを書く人がいます。が、むしろ、それらの項目がある程度一貫するように書いてください。すべての項目に同じことを書く必要はありませんが、全体を読んだ人が、はっきりと一人の人間をイメージできるように書いてください。

②えさを蒔く

先ほども述べましたように、エントリーシートは面接するときの素材です。面接官はエントリーシートを見て質問をします。ですから、質問してほしいことがあったら、それをエントリーシートに忍ばせておきましょう。たとえば、「アメリカ留学中にけがをしたとき……」などという記述があると、面接官は「なぜ、留学しましたか?」「どんなけがを?」などと質問したくなります。そのようなことをいくつか交ぜておくのです。そして、もちろん、質問されたら、しっかりと答えられるように準備しておきます。そうしておくと、自分のペースで話ができます。

③わかってしまう弱点は武器にする

人によっては、何か弱点があるかもしれません。留年した、転職が多いなどなど。ふつうに考えれば、それは好ましいことではありません。そのようなことをむしろプラスにするように考えます。「留年したからこそ、……を理解できるようになった」「……をしすぎて留年した」などというように、自分の能力や個性をアピールするのです。このように、わかってしまうようなマイナス面は、むしろプラスにすることを考える必要があります。

志望理由書の書き方

就職試験などで、志望理由をエントリーシートの一項目として書くことがあります。また、六〇〇字、あるいは一〇〇〇字以上使って、志望理由書を書くことが求められることがあります。志望動機書などと呼ばれることもあります。

二〇〇字程度でまとめるときには、A型かB型を用いて書くとよいでしょう。それ以上の場合には、これまで説明してきた「型」を利用して、以下のような型を用いることを勧めます。

〔志望理由書の構成（二〇〇字以上の場合）〕

第一部……したいこと

「私は、〇〇をしたいために、△△会社（職種）を志望する」というように直接的に書きます。それほど長く書く必要はありません。

第二部……志望するようになったきっかけ

志望するきっかけを書きますが、ここは志望先に対する熱意を伝える部分です。「子どものころからその仕事が夢だった」「本を読んで魅力を感じた」「高校（大学）で、それを学んだ」「○○社の△△の活動に感銘を受けた」などが、もっとも書きやすいでしょう。ちょっとした思いつきで志望したのではなく、しっかりとした理念や信念を持って志望していることをアピールします。

第三部 ……**具体的にしたいこと**

具体的にしたいことを書きます。企業を志望しているときには、「このような方面でこのような仕事をしたい」と具体的に書きます。どの部署に配属され、どのような仕事を担当するかわかっているときには、仕事上での企画を示すのもよいでしょう。

第四部 ……**その後の覚悟**

めでたく希望がかなったら、必死に働くつもりでいるという覚悟を示します。

しかし、いくつか注意点がありますので、加えておきます。

〔志望理由書を書くときの注意点〕

①第二部も第三部も絞って書く

欲張ってたくさんのことを書きたくなる人がいます。が、むしろたくさん書けば書くほど、一つひとつの説得力が弱まります。それよりは、志望するようになったきっかけも、具体的にしたいことも、ひとつに絞るほうが賢明です。その上できちんと説明してください。

②第二部で、ありふれたことを書かない

第二部では、あくまでも熱意を示すことに重点を置くべきです。「家が会社の近くにあるので志望する」「たまたま情報誌を見ていたら適当そうだった」と書いたのでは、読んでいる人は納得しません。「子どものころから憧れだった」と書くだけでも、熱意は伝わりません。志望先が、言われて喜ぶような理由を考えてください。「その分野の勉強をしてきたが、調べるうちに、御社のノウハウが群を抜いていることがわかった」というような理由を的確に書くのが、もっとも好まれるでしょう。

③「自分のステップアップのため」は、二の次にする

学校への志望として、「御校に入学することによって自分を高めたい」と書くのは、もちろん好ましいことです。しかし、企業に対して「私が一人前になるために、御社が適当」と書くのは、本音だとしても感心しません。企業は、社員の自己実現のために存在するわけではあり

ません。個人がアピールするべきことは、「私は、御社に入社すれば役に立つ。その確信があるから、志望する」ということです。自己実現は、企業の利益をもたらすことによって得られるものでなければ、企業は採用しようとはしないはずです。

④第三部で専門的な知識を示すが、生意気にならないように気をつける

第三部では、志望先に対してはっきりしたイメージを持ち、どのようなことを具体的にしたいと思っているかを示すのが好ましいでしょう。「このような製品の開発に当たりたい」などと書くと、説得力が出ます。ただし、知識がないのに書いてしまうと、「事情を知らないくせに生意気な！」という反感を招いてしまいます。自分がまだ十分に事情をわかっていない中でのひとつの夢として示すとうまくいくことがあります。

例

私は、多くの人に楽しい旅行をしていただきたいと考え、ユニークな旅行代理店として名高い御社への入社を志望いたします。

私は大学の二年生のころまで、ツアーによるパック旅行でなく、主として個人旅行をし

てきました。自分で迷いながら目的地に行き、その間にも現地の人と触れ合うことこそが旅の意味だと思っていたからです。ところが、三年生の夏休み、ふとしたことから御社の「本当の京都を知る旅」に参加しました。仏像を研究しておられる○○先生の解説とツアーコンダクターの○○さんの案内のおかげで、ふだん見ることのできない御所の内部まで見ることができ、個人旅行では触れることのできない様々なものに触れ、表面を見るだけでは計り知れない京都の歴史の奥深さを知ることができました。むしろ、これこそが本当の旅ではないかと思った次第です。そのころから、御社への入社を真剣に考え始めたのでした。

私は大学ではフランス文化を専攻し、ヨーロッパ文化に関心を持っています。私が京都で覚えたような感動を、ヨーロッパ旅行に行く人々に味わってもらえるような旅行を企画したいと考えています。たとえば、フランスには「もっとも美しい村」として政府の認定を受けた村が二〇〇近くあります。パリやモン・サン・ミシェルだけでなく、それらの村で一泊してもらい、赤頭巾ちゃんなどの童話の世界がそのまま残るような村を味わってもらうようなツアーなども企画したいと夢見ています。実際にはその企画を成功させるには様々の工夫が必要だと思いますが、いつの日にか、先輩に指導していただきながら、そのような企画ができることを夢見ています。

御社に入社できましたら、「旅行は個人旅行に限る」と思っている人に、もっと別の旅の喜びを味わってもらえるような社員をめざしたいと思います。

◆自己PR書の書き方

自己PR、自己アピールなどと呼ばれることもあります。エントリーシートの中で、「あなたの長所」というように聞かれることもあるでしょう。それらはほとんど同じ意味と考えることができます。

これについても、二〇〇字程度の場合には、A型やB型を用います。それ以上の場合には、以下の型を用いると便利でしょう。

〔自己PR書の構成（二〇〇字以上の場合）〕

第一部……自分の長所をずばりと書く

「私は、○○に自信がある」「私は、○○な性格だ」とずばりと書きます。自慢することに対して恥らう必要はありません。謙虚でいたいと思うのなら、「○○だけには自信がある」というようにするとよいでしょう。

第二部……自分の長所の裏付けを書く

第一部で書いたことが本当だということを示すようなエピソードを示します。「コミュニケーション力に自信がある」と言いたければ、その能力を発揮した出来事を書きます。読んでいる人が、「なるほど。確かにこの人は間違いなくコミュニケーション力がありそうだ」と納得するように書いてください。

第三部……自分の長所がいかに仕事に適しているかを書く

自分の長所が、どのように志望先に役立つかを書きます。企業を志望しているときには、その長所を生かして、どのような仕事ができるかを示します。ここで、志望先がどのような具体的な業務を行っているのか、その仕事にどのような能力が必要かを示します。そこに鋭いことを書けば、読んでいる人は、仕事について具体的にイメージできている点で高く評価します。

第四部……大学・会社に入るに当たっての覚悟を書く

簡単にいえば、「全身全霊を込めて、勉強・仕事に当たりたい」といったことを書きます。

自己ＰＲ書を書く場合も、気をつけることがいくつかあります。

〔自己ＰＲ書を書くときの注意点〕

①ひとつに絞る

多くの人にたくさんの長所があります。ですから、いくつもの長所を書きたくなるかもしれません。しかし、志望理由書と同じように、これもひとつに絞って書くべきです。すべてのことを少しだけ得意な人よりも、ひとつだけでもほかの誰にも負けない長所を持っている人のほうが、会社としても使いやすいのです。それに、ひとつの長所を売り物にするほうが、相手の印象に残ります。

②性格のほうが書きやすい

能力をアピールしたい人もいると思います。語学が得意であること、専門領域についての知識があることなどは、是非アピールするべきです。しかし、学校の成績を長所として示したり、暗記力を示すよりは、性格を示すほうが書きやすいと思います。自分の性格をひとつ選んで、しっかりと書いてください。

③志望先の求めている性格を把握する

志望先によって好む性格は異なります。営業を担当する人間は、明るくてコミュニケーション力があって、少々ミーハーであったり、おっちょこちょいであったりするのは、むしろよいことです。が、経理を担当する人がそうであっては困ります。また、負けず嫌いな人は、競争を重視する会社などでは好まれますが、家族的な小さな会社では、むしろ困りものになる可能性があります。前もって取材して、どのような人が好まれるのかを把握しておく必要がありま す。その上で、自分の長所を売り物にすることを勧めます。

④具体的に示す

「私は明るい性格だ」「私はコミュニケーション力がある」というだけでは、ありふれてしまいます。そのようなときには、「私は一〇分以内に、初対面の人と友だちになれる」「私が加わるとその場が明るくなって笑いが絶えなくなる」などと、具体的に示すとおもしろくなります。ただ、言うまでもないことですが、面接で、本当にそのような人であるかどうか確かめられますので、すぐにばれるようなウソはつくべきではありません。

⑤リアリティのあるエピソードを。ただし苦労話にはしない

第二部でエピソードを書きますが、エッセイの書き方で説明したように、リアルに書いてください。そして、読んでいる人が共感するように書くのがポイントです。ただし「私は粘り強い性格だ」と言い出して、かつて部活の苦労話を始める人がいます。書かなければいけないのは、アピールであることを忘れてはいけません。

例

私がひとつだけ誰にも負けない長所だと思っているのは、コミュニケーション能力です。一〇分以内に、初対面の人と友だちになる自信があります。

最近の若者は、飛行機や列車で隣に座っても、ひと言も口をきかないといわれます。が、私は、ほとんどの場合、飛行機や列車に乗ると、出発前から隣の人に話しかけ、友だちになります。同年輩の人とは限りません。羽田から札幌に行ったとき、隣に座った年配のサラリーマンの方と友だちになり、翌日、車に乗せてもらって一緒に小樽まで行ったほどで

した。多くの人が、私となら何でも打ち解けて話すことができると言ってくれます。実際に私も、人と話をしているとき、もっとも楽しい時間です。相手の方の話を楽しんで聞き、私の話もします。そのやり取りの中で、とても親密になるのです。

私のコミュニケーション能力は、御社の営業に力を発揮できると信じます。長い付き合いのある営業所だけでなく、飛び込みで初めての営業所に行って製品を説明するとき、多くの方がどのようにコミュニケーションをするのか悩むと聞きます。が、私は初対面の人と話ができることを楽しみにすることができます。もちろん、すぐに仕事に繋がらないことも多いと思いますが、多くの人と友人として接しているうちにだんだんと信頼を得ることができ、それが自然な形で仕事に繋がるのだと思います。私はそのようなコミュニケーションをすることによって、仕事の場を広めたいと思っています。

仕事の基本はコミュニケーション力だと聞いたことがあります。御社で仕事をすることになった場合、私の長所をできる限り活かしたいと思っています。

39 企画書の書き方〜説得力のある

企画書とは、言うまでもなく、新しいビジネスやプランを提案するための文章です。自分のアイデアが優れたものであること、実現の可能性があること、よい効果をもたらすことなどを説明し、読んだ人を説得します。

よい企画書を書くには、まずプランそのものが的確である必要がありますが、それ以上に、しっかりと反対意見を考慮し、反対者も納得するように書く必要があります。そうしてこそ、説得力が高まります。

企画書を書く場合も、これまで説明してきた四部構成を応用することを勧めます。ただし、少しだけ変形させるとよいでしょう。以下のような型を用います。これは、小論文の四部構成の第二部と第三部を逆にした形です。

- 提案……自分の提案する企画の内容を示します。
- 目的・背景……企画の目的・背景など、企画を進めるべきだという根拠を示します。
- 問題点とその解決……企画の問題点を示した上で、反対意見を考慮して、それを解決できること、それを上回るプラス面があることを示します。この部分は、小論文における「確かに……。しかし……」の部分に当たります。

●結論……全体を整理して、もう一度全体をまとめます。

ただし、このようなビジネス文書の場合、箇条書きを用いて書くほうがわかりやすくなります。なるべく、整理して書くようにしてください。

以下に例を示します。ただし、実際の企画書は、もっと緻密に検証し、資料や計算書を添付する必要がありますが、ここではそれは省略します。

例

創立五〇周年イベントの実施について

1　趣旨

来年三月、創立五〇周年を迎えるにあたって、わが社の存在をより多くの人に知ってもらい、社のイメージを定着させるため、以下の二点を提案する。①社史を発行し、取引先など関係機関に配布する。②イメージ・キャラクターを作成し、関係機関に配布し、市内の繁華街や駅周辺で市民に配布する。

2　目的

製造業であるわが社は、これまで大きく社会に貢献してきたにも関わらず、それに見合うだけの知名度を得ていない。これまでは社員の努力によって、経営的にも順調であったが、当社製品のブランドを上げるためにも、これからの少子化の時代における人材確保のためにも、企業イメージを高めることが必要である。経営が順調である今、五〇周年を機会に、認知度を高める努力をするべきだと考える。

また、社史の発行とイメージ・キャラクターの作成は、取引先の方々や近隣の方々に当社の認知度を高めるだけでなく、社員のプライドを高め、結束を作り出すことにも役立つはずである。

もし、以上の試みがないと、当社の存在は知られず、就職志望者も減少し、社員もしっかりとした誇りを持てない状況に陥る恐れがあると考えられる。

3　問題点とその解決

以下の問題点が考えられるが、それぞれ解決可能であると思われる。

・制作費がかさんで、大きな赤字になる恐れがある。
↓昨期の一五〇〇万円の黒字を当企画に当てることができる。それ以内で作成可能である。

・誰も読まない社史になる恐れがある。
↓退屈で厚い社史ではなく、センスのよい表紙で、漫画やイラストを多用した一〇〇ページほどの読みやすい冊子にする。この分野で信頼のあるA出版社の協力を仰ぐ。たとえ中身を読む人が少なくても、存在自体で当社のセンスをアピールできるようにする。

・誰も喜ばないキャラクターになる恐れがある。
↓子ども向けキャラクターでヒット作を出しているS氏は、本社M君の高校時代の親友とのことで、協力を期待できる。

以上は、五〇周年記念にあたって当面考えられる、おおまかなプランです。基本方針が決定すれば、さらに具体的な二次案を提出する用意があります。それに基づいて、予算、人員の算出も可能になってきます。速やかに稟議をお願いいたします。

40 提案書の書き方～提案の利点を示す

提案書というのは、部下が上司に対して、社内の業務の改善や自社の商品の改良などを上層部に進言するための文書を指します。組織をよくするための案をボトムアップの形で部下が上司に伝えるための文章といってよいでしょう。

提案書は、基本的には企画書と同じ型で書くことができます。

企画書との違いは、この種の提案は、これまでの方法を改めることになるので、社内に強力に反対する人がいる可能性が高いということです。しばしば、新しい提案が誰かを暗に非難する傾向になってしまいかねません。前もって、その提案に対して誰が反対しそうか見当がつくはずです、したがって、提案書の場合、反対者の出しそうな根拠を考慮した上で、自分の提案の利点を示す必要があります。

提案書の場合も、企画書の場合と同様、もっと緻密に検証し、資料や計算書を添付する必要がありますが、ここではそれは省略します。

業務改善提案書の例

クレームの処理についての提案

1　提案

現在、わが社の製品に対するクレームのあり方について、改善を提案します。現在、取引先や消費者からのクレームは、内容に応じて広報部や工場、営業部などの部署が処理しています。しかも、広報部は、内部で「クレームを減らすためのマニュアル」を作っていると聞きます。そうした状況を改めて、営業部内にクレーム処理係を新たに設置し、これまで処理されていたクレームを集約することを提案いたします。

2　理由

・現在、クレームが個別に処理されているので、相互に齟齬を生み出すことがあり、いっそうクレームが強まるという例があった（資料参照）。

・クレーム処理が責任ある形で行われていないので、記録も残されておらず、責任の所在が曖昧である。それゆえ、クレームが商品開発などに生かされない。

・現在では、クレームは大きなビジネスチャンスであるというのがビジネス界の常識になっているが、クレームを分析し、それを新たな製品開発や製品の改善に繋げるためには、それを専門とする係員の存在が不可欠である。

・クレームが寄せられた場合、個々に担当者が処理をすると、むしろクレームを隠そうという方向に進む。広報部の「クレームを減らすためのマニュアル」の存在がそれを物語っている。クレームをこれからの商品開発などに利用するためにも、むしろクレームをオープンにし、クレームを減らすのではなく、ポジティブに受け入れるべきである。

3　問題点とその解決

・営業部にクレーム処理係を設置する場合、技術的問題、個々の問題が理解できず、迅速に的確な処理ができなくなる恐れがある。

↓技術的問題は、クレーム処理係が責任を持って、担当者と話をして処理する。技術者が専門用語を用いて説明するよりも、むしろ、クレーム処理に慣れた係員が間に入ることによって、うまく処理できる。

・広報部の仕事との線引きが難しく、広報部のほうがクレーム処理に向いている面がある。
現在も広報部がクレーム処理をしていることが多い。
↓営業部は、取引先に出向いて直接的にクレームを耳にする機会が多い。そのような営業部がクレーム処理を行うことによって、クレーム処理のプロを養うことができる。

以上により、提案をぜひとも検討していただくことをお願いいたします。

41 ビジネスメールの書き方～情報としてやり取りする

現在、多くの人がもっとも頻繁に利用しているのはメールでしょう。一日に数通、それどころか数十通メールを出す人も少なくないと思います。手紙を書くようにじっくりと文面を練るのでなく、パソコンや携帯電話でさっさと済ますことが大事です。

メールは、文書による私信とかなり異なります。じっくり読むものではなく、あくまでも情報としてやり取りするものです。ですから、私信とは書き方がおのずと異なります。

◆メールの書き方のコツ

①時候の挨拶は簡略でよい

メールの場合、長々とした挨拶は必要ありません。メールの文章は、できるだけ短くするのが原則です。何よりもわかりやすさを重視しますので、長い文章になってしまうと、わかりにくくなってしまいます。

ほとんどの人に対して「お世話になります」で済ますこともできるでしょう。また、社内の人でしたら、目上の人に対しては「お疲れ様です」、目下の人に対しては「ご苦労様です」と書くだけで十分です。

②できるだけ箇条書きにする

まとめられることは、できるだけ箇条書きにします。

「お知らせしたいことが3つあります。1……。2……。3……」「日時　3月26日　19時00分　場所　ドイツ料理店『イゾルデ』　電話番号○○○○　地図は以下の通り」というような書き方がもっともわかりやすいはずです。

③一文を短くする

ふつうの文章以上に、一文を短くします。主語・述語が明確で一文の短い文章でないと、読みにくいという印象を持たれてしまいます。一文が一行で終わるくらいが理想です。

④A型を用いる

メールの文章は、A型を用いて書くとうまくいきます。そして、前半と後半を一文ずつにまとめると、すっきりします。もちろん、複雑なことを語るときには、きちんと説明する必要がありますが、ずばりと語るべきです。

⑤ひと言、肉声を加える

メールはどうしても無機質になってしまいます。書いた当人がそんなつもりでなくても、読み手が怒っていると勘違いすることもあります。そのようなことを避けるために、絵文字を用いるのもよいでしょう。絵文字を使うのが主義に反するようであれば、ひと言肉声を交えるのもうまい方法です。仕事上の用件を書いた後に、「今度、飲みに行きましょう」とひと言添えるのです。それだけで、無機質なメールが人間的になります。

例

皆様へ

ご存知の通り、豊島幸人君がこのたび大分市に移転することになりました。
そこで、われわれ有志で豊島幸人君を送る会を企画しました。
詳細は以下の通りです。

日時　3月26日（土）19時
会場　イゾルデ（昭和町25－７）
会費　4500円
参加者は3月15日までに平野まで連絡を。

当日は、イゾルデのオーナーが特別においしいワインを出してくれるそうです。
みんなで楽しく豊島君と飲みましょう！！

42 営業日誌の書き方～オリジナリティがあること

営業日誌には、もちろん、仕事の上で起こったことをまとめて書きます。組織によっては、毎日書くことが義務付けられているところもあるでしょう。多くの人が、何を書けばよいのか迷っているかもしれません。毎日、同じような記述内容になってしまって、目先の異なることを書くのに苦労している人もいるかもしれません。

営業日誌に起こったことだけを書くと、まさしくメモのようになってしまいます。そこにオリジナリティがあってこそ、日誌の意味があります。

それゆえ、A型で書いて、まず起こったことを示し、その後、その意味、その対策などをしっかりと示すことを考えるべきです。そうすることによって、一つひとつの出来事が整理できます。

もちろん、いくつものことが起こったら、そうした文章を重ねていけばよいのです。このように考えれば、気楽に文章を書くことができるはずです。

例

一〇時四〇分。A社訪問。X係長と話す。新製品を売り込むが、経費節減のためにそのような余裕はないとやんわりと断られた。しばらく話をして、A社を出た。

X係長によれば、性能は少々犠牲にしても持ち運びのできるプリンターがほしいとのこと。外出先でプリンターを用いることがあるという。この分野の製品開発がわが社では十分なのか検討してみたい。

十一時二〇分。B社訪問。消耗品を届けたが、そのついでに秘書室のYさんと少し話した。

B社は昨年の秋に始めた新事業が順調で、GW明けころに錦町に支店を出す予定らしい。新機能のOA機器を揃えたいと考えている模様。担当はこれまでと同じZさん。わが社のプリンターの売り込みをかける必要がありそう。

43

手紙も四部構成で書く～気持ちを伝える

メールや電話が重視される世の中になったとはいえ、まだまだ手紙を書く機会は多いでしょう。メールではそっけなさすぎるとき、心のこもった文章を書きたいとき、あるいは、初対面の人に挨拶を送るとき、手紙を書く必要があります。

私は手紙には、気持ちを伝えるエッセイ風の文章と、意見を伝える小論文風の文章の二種類があると考えています。

前者には、挨拶状、礼状、招待状、招待状の返信、冠婚葬祭のお知らせ、お見舞い状などがあります。相手への気持ちを伝え、これからも好ましい関係を続けることを目的としています。本節からしばらく、このタイプの手紙の書き方について説明します。

このタイプの手紙については、これまでに説明してきたエッセイの四部構成を使って書くとすっきりまとまります。

◆気持ちを伝える手紙の構成

第一部……予告

まずは挨拶を書きます。決まり文句でかまいません。

第二部……意見提示

「ところで、この度」などといった表現で話を変えて本題に入り、用件を伝えます。

第三部……展開

ここで、心をこめた言葉を添えます。相手の人となりに応じて、相手・人ひとりの身になって、語りかけます。

第四部……結論

終わりの挨拶の言葉を添えます。

なお、個人の手紙であっても、ビジネス文書であっても、基本的には同じような書き方でかまいません。ビジネス文書として書く場合には、本書の最後に示すような挨拶をしっかり示し、敬語に気をつけた上で、これらの文章を書きます。

なお、実際の文例は、次の節以降に示します。

44 礼状の書き方～感謝の気持ちを伝える

プレゼントのお礼、パーティ出席のお礼など、様々な機会に礼状を書くことは多いことでしょう。

プレゼントが義理のものであったり、儀式的なものであれば、もちろんお礼も儀式的なものでかまいません。ビジネス文書の文例集にあるようなものを応用すればよいでしょう。が、もう少し自分自身の感謝の気持ちを伝えたいときには、具体的に喜びを伝えるように工夫します。

そのためには、エッセイで練習したようなリアリティを作り出してください。喜びが目に見えるように表現します。「いただいたお荷物を開いた途端、子どもたちが歓声をあげて、われ先にいただいた品を口に運び、おいしいおいしいと連発しました」というように書くとよいでしょう。

あるいは、「課長のお口添えをいただいた途端、これまでの対応と打って変わって真摯に話を聞いていただきました。課長のご人望の高さを改めて感じ入った次第です」などと書きます。

例

拝啓　ご無沙汰しております。だんだんと春めいてまいりましたが、いかがお過ごしでしょうか。

このたびは、結構なお品をいただきまして、たいへん感謝しております。私にまでお土産をいただけるなんて、感激です。しかも、雑誌で知って、前々から飲みたいと思っている銘柄のワインでした！

我が家では妻もワイン好きで、実はさっそく昨晩、妻と二人でチーズをつまみながら、飲ませていただきました。国産ワインもこれほどおいしくなったのかと二人で感想を言い合いました。雑誌では軽いおいしさと言われていましたが、ほんの少しの渋みのためにしっかりとしたコクがあって、とてもおいしくいただきました。

まだまだ寒い日があることと思います。お元気にお過ごしください。

敬具

45 依頼文の書き方～気持ちよく引き受けてもらう

講演や研修の講師、見積もり、協力など、何かを依頼する文章も、しばしば書く機会があるでしょう。もちろん、それが慣例として行われている日常的な依頼であれば、そっけなく事務的な文章でもよいのですが、特定の個人に特にお願いするような場合には、失礼のないように、そして、気持ちよく引き受けてもらえるように工夫をする必要があります。

このタイプの文章の場合、以下のことに気をつけてください。

◆依頼文を書くときの注意点

①その人でなければならないことを強調する

何かを依頼するとき、誰でもいい誰かに依頼するのでは、依頼されたほうは愉快ではありません。「ほかの誰でもなく、あなたにお願いしたい」ということをしっかりと示す必要があります。そのためには、依頼先についてしっかりとした情報を持ち、的確に判断していなければなりません。得意としていないことを依頼したり、依頼先の名前を間違えていたりしたら、失礼この上ないことになってしまいます。

②報酬の話もしっかりとする

依頼に報酬が発生する場合、そのことを明記するのが原則です。報酬を曖昧にしたまま話を進めると、後にトラブルの原因になります。ただし、お金の話をするときには、失礼にならないように十分に気をつける必要があります。

③依頼を受けると得だということを遠まわしに示す

どうしても依頼を受けてほしいとき、「この依頼を受けると、あなたにも得することがありますよ」という点をしっかりと伝えると説得力が生まれます。「研修の講師を引き受けてもらえると、著書の売り上げが増えるかもしれない」などということです。ただし、それを恩着せがましく伝えると失礼になります。こちらからお願いする形をとるのが上手な方法です。

例

拝啓　曽根崎浩先生におかれましては、ますますご健勝のことと喜び申し上げます。
このたび、私ども○○小学校父母会におきまして、「親と子どもの上手な対話」というテーマを設けて研修会を開くことになりました。六月の平日に予定されておりますが、その基調講演としまして、ぜひとも曽根崎浩先生にお話いただきたいと考えております。

先生のご著書『親と子の会話の奥義』を読ませていただき、大変感銘を受けました。父母会で是非、先生のお話を伺いたいと、父母会の役員一同の意見が一致いたしました。

お忙しいことと存じますが、何卒、私どもの願いをかなえていただきたくお願いいたします。もし可能でしたら、その場でご著書のサイン会をさせていただけますと、父母も喜ぶと考えております。

なお、大変申し上げにくいのですが、私どもは小さな学校の小さな父母会ですので、あまり予算を持ちません。講演料としまして、一〇万円でお願いできればと思っております。大変失礼を申し上げているのは承知しておりますが、どうか私どものお願いをおかなえくださるようお願い申し上げます。

なお、ご返事につきましては、ご多忙のところたいへん恐縮ではございますが、以下の電話、あるいはアドレスに連絡いただけますようお願い申し上げます。

敬具

電話：〇〇〇〇-〇〇-〇〇〇〇

メールアドレス：〇〇〇〇〇〇〇〇〇〇

46 詫び状の書き方〜弁解せず、率直に謝る

ここまでいくつかエッセイと同じような型で書く例を示してきました。ここからは、小論文風の手紙の書き方です。小論文風の手紙には、お詫び状や抗議文や催促状や苦情文があります。相手に自分の考えをわかってもらうために、自分の状況を説明し、謝罪や相手に改善を求める文章です。これは、小論文と同じような型を用いることができます。

本節では、詫び状の書き方を説明します。

◆詫び状の構成

第一部……問題提起

小論文風に書くとはいえ、手紙なのでまずは挨拶を書きますが、その後で用件を切り出します。ただし、相手の機嫌を害さないように気をつける必要があります。

第二部……意見提示

まずは、相手の立場に配慮した上で、最も重要な気持ちを書きます。率直な詫びを示し、その理由についても述べるとよいでしょう。ただし、あまり言い訳じみないように、そして、その理由がそれなりに理解可能であることを示します。

第三部……展開

二度とこのようなことを起こさないように誓います。

第四部……結論

相手への信頼の情を示し、許してもらえるように厚く頼んで、締めくくります。

詫び状を書く場合、次の点に注意するとよいでしょう。

◆詫び状を書くときの注意点

①少々大袈裟なくらいに詫びる

謝罪をする場合には、その態度をしっかりと示すのが原則です。口先だけで謝罪しているかのように思われては逆効果です。できる限り誠実に謝ります。たとえ、それが自分の責任ではない場合でも、まずは迷惑をかけたことについては謝っておくべきです。ただし、責任問題に発展しないように、「私が責任をとります」などとは言わないように気をつけます。

②対策を示す

謝罪が真摯であることを示すには、それを改善するための対策を示すことです。それを示してこそ、聞く人は納得します。とはいえ、誠実さを示そうとするあまり、不用意に無理な対策を約束してしまったり、迷惑をかけた相手に代償を支払ったりするべきではありません。無理な約束をすると、自分の首を絞めてしまうことになります。

③自分にも言い分があることは示す

何かを詫びる場合も、自分にはそれなりの弁解や言い分があることも少なくありません。本音とは別に、立場上やむを得ずに詫びていることもあります。そのような場合、可能であれば、自分の言い分も含めることができます。「私はこのような意図で良かれと思ってしたのだったが、それがうまくいかなかったので、弁解のしようもない」というように詫びるとよいでしょう。

例

拝啓　平素は格別のお引き立てをいただき、まことにありがとうございます。

　この度は、大変ご迷惑をおかけして、まことに申し訳ございません。調査をいたしましたところ、確かに、私どもの部内における連絡不行届きにより、納品が期日よりも一週間遅れる事態を招いたことが判明いたしました。私どもは、平素、そのようなミスのないように万全を期すように努めてまいりましたが、当日、わが社のコンピュータシステムがダウンするという事故が起こり、その混乱のためにミスが生じたものと考えられます。このような失態をおかしてしまい、長年にわたって取引をさせていただき信頼を得ておりました御社に多大な損害を与えてしまいましたこと、慚愧に耐えません。

　今後、二度とこのようなことのないように努める所存でございます。御社におかけした損害、およびその代償につきましては、現在、検討中でございますので、追ってご連絡を差し上げます。

　大きなご迷惑をおかけした上にこのようなことを申し上げるのは大変心苦しいのですが、何卒、もう一度弊社に機会をお与えくださいますようお願い申し上げます。

敬具

47 抗議文の書き方～悪質クレーマーでないことを示す

誰しも、お店や役所にひどい目にあわされたり、対応のあまりの失礼さに怒りを覚えたりした経験があるでしょう。そのようなとき、クレームの手紙を出す機会があると思います。しかし、近年、悪質なクレーマーが増えているといわれていますので、そのような人間と思われてしまうと、相手を警戒させるばかりで、きちんと対応してもらえません。そこで、悪質クレーマーではないことをしっかりと示す必要があります。抗議の手紙を出す場合、以下のことに気をつけるとよいでしょう。

◆抗議文を書くときの注意点

①相手の言い分にも耳を貸す態度を示す

自分だけが常に正しいという態度を貫くべきではありません。相手にも言い分があること、自分にも落ち度があるかもしれないことは十分に考慮します。その上で、抗議をしてこそ、自分の言い分に説得力が出ます。

②過度な要求をしない

抗議をするからといって、その代償として金銭を要求したり、たくさんの人のいる前での謝罪を要求するのは、よほど腹に据えかねるような大変な迷惑を被った場合を除いて、一般的には好ましくありません。とりわけ、金銭を要求すると、それは暴力団関係者の脅しのようにとられてしまいますので、注意しましょう。

例

前略　私は、○○市に暮らし始めて二〇年になります。

その間、ずっと「○○クリーニング」を利用してまいりました。仕事の丁寧さ、店員さんの応対にこれまでずっと満足していました。ところが、三月二日、冬物のセーターをクリーニングに出したところ、白のセーターにピンク色のシミがついて戻ってきました。そのときにすぐに気がつけばよかったのですが、私が気づいたのは、一〇日はどたってからでした。気づいてすぐに店に出向いて、店員さんに見せたのですが、時間がたっているので対応できないと言います。

私は、なぜ白のセーターにこのようなことが起こったのか、原因をはっきりさせていただき、それが御社の工場でついたものであることを確認した上で、適切な処置をしてくださることを望みます。

それ以上のことは望みません。どうか、真実がどうであったかを調査し、御社のミスに応じた対応をしてくださることをお願いいたします。どうかよろしくお願いいたします。

早々

48 断り状の書き方～失礼のない断り方

何かを誘われたときに、手紙やメールで断る必要のあることがあります。心が動きながらも断らざるを得ない場合もあれば、そうでない場合もあるでしょう。が、いずれにしても、相手に失礼のないように断る必要があります。

誘われたと同時に断ることを決めていたとしても、熟慮の末に決めたように書くとよいでしょう。「断らないと、むしろ迷惑をかける」「現在の状況では、経済的な事情により断らざるを得ない」「自分の信念として、この種のことはお断りすることにしている」などといった書き方ができるはずです。

例

前略　新しい会社へのお誘い、まことにありがとうございます。私にとりましても大変ありがたい機会をお申し出いただいたと光栄に思っております。このようなお話をいただき、感謝に耐えません。

せっかくいただいたチャンスを生かすべく、家族とも相談いたしましたが、残念ながら、お断りするほかないという結論になりましたので、お知らせいたします。

せっかくのお申し出を実現する力が私にはないというのが、お断りする最大の原因でございます。私はこれまで編集畑を歩いてきましたので、営業についての知識も人脈もなく、またその能力もないというのが、正直な気持ちでございます。このままお引き受けしても、近日中にご迷惑をおかけすることになりかねません。その上、子どもたちがこれから大学受験を控えるときでもあり、人生における冒険をすることを躊躇いたします。何を気弱なことをとおっしゃるかもしれませんが、もう少し今の会社でがんばりたいと考えました。

このような機会をお申し出くださいましたことに関し、心より感謝いたします。どうか、これからもよろしくお願いいいたします。

早々

49 ビジネス文書を書くためにを敬語をマスターする

エントリーシートや志望理由書、自己PR書で認められて、無事、仕事を始められたら、次に社内での文書、いわゆるビジネス文書を書く必要があります。

ビジネス文書をうまく書くには、敬語を使いこなす必要があります。敬語の使い方次第で、相手への印象が異なります。間違った使い方をしてしまうと、大変失礼に当たるばかりでなく、教養がないとみなされ、恥ずかしい思いをすることになってしまいます。

敬語には様々な表現があります。が、詳しいことは敬語を説明した本を読んでいただくことにして、ここでは、ビジネス文書に書くときに不可欠な知識のみ整理することにしましょう。

一般に用いられる尊敬語

尊敬語には、①動詞に尊敬の形があるもの、②「お（ご）になる」という形のもの、③「〜れる」「〜られる」を用いるものの三種類あります。ビジネス文書では、ほとんどの場合、①の用法がよく用いられます。

一般によく用いられる尊敬語は、次の通りです。謙譲語も併せて掲載しておきます。

尊敬語	謙譲語
・「する」↓「なさる」	「いたす」
・「言う」↓「おっしゃる」	「申す」「申し上げる」
・「くれる・もらう」↓「くださる」	「いただく」「頂戴する」
・「行く」↓「いらっしゃる」「おいでになる」	「参る」「うかがう」「あがる」
・「いる」↓「いらっしゃる」「おいでになる」	「おる」
・「来る」↓「いらっしゃる」「おいでになる」「お見えになる」	「参る」「うかがう」
・「食べる・飲む」↓「召し上がる」	「いただく」
・「見る」↓「ご覧になる」	「拝見する」
・「聞く」↓「お聞きになる」	「うかがう」「うけたまわる」
・「会う」↓「お会いになる」	「お目にかかる」
・「思う」↓「お思いになる」	「存ずる」

もっとも大事なことは、尊敬語と謙譲語を間違えないことです。尊敬語というのは、相手に対する敬意を示す言葉です。謙譲語というのは、自分を卑下する言葉です。尊敬語のつもりで、「取引先の課長が申していた」などと謙譲語を用いてしまったり、逆に自分のことなのに、「私が召し上がった」などと尊敬語を使ったりしますと、相手を低く見ることになってしまい、大変失礼なことになってしまいます。

練習問題

次の文の敬語の誤りを正して、書き直してください。

〈問題〉

1　その点につきましては、ほかの者にお伺いください。
2　取引先の課長様も申しておりました。
3　弊社の課長がお見えです。

＜解答＞

1　その点につきましては、ほかの者におたずねください。

2　取引先の課長様もおっしゃっておられました。

3　弊社の課長が参ります。

50 文書の挨拶の言葉

ビジネス文書には、丁寧な挨拶がつきものです。最初と最後の挨拶のほか、様々な言い回しがあります。多くの場合、部署によって、それぞれ前の代から受け継がれてきた雛形があると思います。いくつかまとめてみましょう。

例

拝啓（①）時下（②）ますますご清祥のことと（③）お慶び申し上げます。平素は格別のご愛顧を賜り、厚くお礼申し上げます。

さて、弊社では、かねてよりすすめてまいりました社屋の新築が完了し、四月二日より下記の新社屋により業務を開始する運びと相成りました。これもひとえに皆様のご支援の賜物と社員一同感謝申し上げる次第です。

新社屋建設中は、皆様に多大なご不便とご迷惑をおかけいたしましたが、これを機に多くの皆様に弊社とのご交誼を深めていただければ幸いです。

略儀ながら書中をもって、本社移転のご挨拶を申し上げます（④）。

敬具（①）

平成二十二年　三月　三日

株式会社　代表取締役社長　樋口　裕一

挨拶には、以下のようなものがあります。

〔挨拶言葉の例〕

① 例文で示した「拝啓→敬具」のほか、頭語、結語には次のような組み合わせもあります。

〔通常の場合〕・拝啓→敬具　・拝呈→敬白　・啓上→拝具
〔丁寧な場合〕・謹啓→敬具　・恭啓→謹言　・粛啓→謹白
〔急用の場合〕・急啓→早々　・急呈→敬具　・急白→拝具
〔返信の場合〕・拝復→敬具　・復啓→敬白　・謹復→拝具
〔再信の場合〕・再啓→敬具　・追啓→敬白　・再呈→拝具
〔略式の場合〕・前略→早々　・冠省→早々　・略啓→不一

② 例文で示した「時下」のほか、時候の挨拶には次のようなものがあります。しかし、最近では、「時下」で済ますことが多いようです。

一月　厳寒の候、寒月の候、極寒の候、初春の候、新春の候　など
二月　立春の候、残寒の候、晩冬の候、新春の候、残雪の候　など
三月　浅暖の候、早春の候、浅春の候　など
四月　春暖の候、陽春の候、仲春の候　など
五月　惜春の候、晩春の候、若葉の候、初夏の候、新緑の候　など
六月　立夏の候、青葉の候　など
七月　盛夏の候、猛暑の候、炎暑の候、酷暑の候　など
八月　残暑の候、晩夏の候　など
九月　新秋の候、秋涼の候、立秋の候　など
十月　秋冷の候、秋晴れの候、仲秋の候　など
一一月　晩秋の候、暮秋の候、霜月の候、霜寒の候　など
一二月　初冬の候、寒冷の候、厳寒の候　など

③　例文の「ますますご清祥のことと」のほかに、次のようなものがあります。

【個人に対して】

・「ますますご健勝（ご清栄）のことと」お慶び申し上げます。

・「ますますご健勝（ご清祥・ご清栄）の段」お慶び申し上げます。

・「みなさまにおかれましては、ご健勝（ご清栄）のことと」お慶び申し上げます。

【組織に対して】

・「貴社ますますご繁栄（ご発展・ご隆盛・ご盛栄）のことと」お喜び申し上げます。

④　例文の「略儀ながら書中をもって、本社移転のご挨拶を申し上げます。」のほかに、文書の内容によって次のようなものがあります。

・「まずは、略儀ながら、書面にてお礼を申し上げます。」

・「まずは、略儀ながら、書中にてご挨拶申し上げます。」

・「まずは、書中をもってご挨拶申し上げます。」

・「まずは、ご通知かたがた、お願い申し上げます。」

・「まずは、取り急ぎご照会まで。」

さくいん

SANNO仕事術シリーズ

産業能率大学出版部は、マネジメントの総合教育・研究機関である（学）産業能率大学の関連出版部門として、これまで実務に役立つ数多くの経営書・一般教養書などを発行してきました。

本シリーズは、これまで培ってきたノウハウを生かし、ビジネスパーソンが仕事を効率よく進め、確実に成果を上げるために必要なさまざまな「ビジネス基礎力」について、実務に生かせる実践的ビジネス書としてまとめ、シリーズ化して刊行されたものです。

著者紹介

樋口　裕一（ひぐち　ゆういち）

1951年、大分県生まれ。早稲田大学第一文学部卒業。立教大学大学院博士課程修了。現在、多摩大学経営情報学部教授。京都産業大学客員教授。小学生から社会人までを対象にした作文・小論文の通信添削塾「白藍塾」塾長。
著書に、250万部のベストセラーになった『頭がいい人、悪い人の話し方』（PHP新書)、『ホンモノの文章力』（集英社新書)、『人の心を動かす文章術』（草思社)、『笑えるクラシック』（幻冬舎）など多数。

文章表現の技術
—“文章力”がメキメキ上達する—

〈検印廃止〉

著　者　樋口　裕一

発行者　田中　秀章
発行所　産業能率大学出版部
東京都世田谷区等々力6-39-15　〒158-8630
（電話）03（6266）2400
（FAX）03（3211）1400
（振替口座）00100-2-112912

2010年5月21日　初版1刷発行
2014年3月20日　　　3刷発行

印刷所／渡辺印刷　製本所／協栄製本

（落丁・乱丁本はお取り替えいたします）　ISBN 978-4-382-05624-4